Eurus

Notus

# 昭和天皇

原 武史
Takeshi Hara

Boreas

Zephyrus

岩波新書
1111

# 目次

昭和天皇が出席した主な宮中祭祀
皇居概略図／宮中三殿と付属施設

## 昭和天皇が出席した主な宮中祭祀

| 月日 | 祭祀名 | 内容 |
|---|---|---|
| 1月1日 | 四方拝 | 早朝に天皇が神嘉殿南庭で伊勢神宮や四方の神々などを遥拝する年中最初の行事。 |
| | 歳旦祭 | 早朝に宮中三殿で行われる年始の祭典。 |
| 3日 | 元始祭 | 年始に当たって皇位の大本と由来を祝い、国家国民の繁栄を宮中三殿で祈る祭典。 |
| 30日 | 孝明天皇例祭 | 孝明天皇(明治天皇の先代)の命日に皇霊殿で行われる祭典。 |
| 2月11日 | 紀元節祭 | 紀元節(建国記念の日)を祝って宮中三殿で行われる祭典。一九四八年に廃止されるが、臨時御拝という形でその後も継続。 |
| 17日 | 祈年祭 | 宮中三殿で行われる五穀豊穣祈願の祭典。 |
| 21日 | 仁孝天皇例祭 | 仁孝天皇(明治天皇の先々代)の命日に皇霊殿で行われる祭典。 |

春分の日　春季皇霊祭　春分の日に皇霊殿で行われる先祖祭。
　　　　　春季神殿祭　春分の日に神殿で行われる神恩感謝の祭典。
4月3日　神武天皇祭　神武天皇の命日とされる日に皇霊殿で行われる祭典。
　29日　天長(節)祭　天皇の誕生日を祝って宮中三殿で行われる祭典。
5月17日　貞明皇后例祭　一九五一年に死去した貞明皇后の命日に皇霊殿で行われる祭典。
6月30日　節折《よおり》　天皇のために行われるおはらいの行事。
7月30日　明治天皇例祭　明治天皇の命日に皇霊殿で行われる祭典。
秋分の日　秋季皇霊祭　秋分の日に皇霊殿で行われる先祖祭。
　　　　　秋季神殿祭　秋分の日に神殿で行われる神恩感謝の祭典。
10月17日　神嘗祭　賢所に新穀を供える神恩感謝の祭典。
11月3日　明治節祭　明治節(明治天皇の誕生日)を祝って宮中三殿で行われる祭典。一九四八年に廃止されるが、臨時御拝という形でその後も継続。
　23日　新嘗祭　(本文「序章」を参照)
12月中旬　賢所御神楽　夕刻から賢所で御神楽を演奏して神霊を慰める祭典。
　25日　大正天皇祭　大正天皇の命日に皇霊殿で行われる祭典。
31日　節折　天皇のために行われるおはらいの行事。

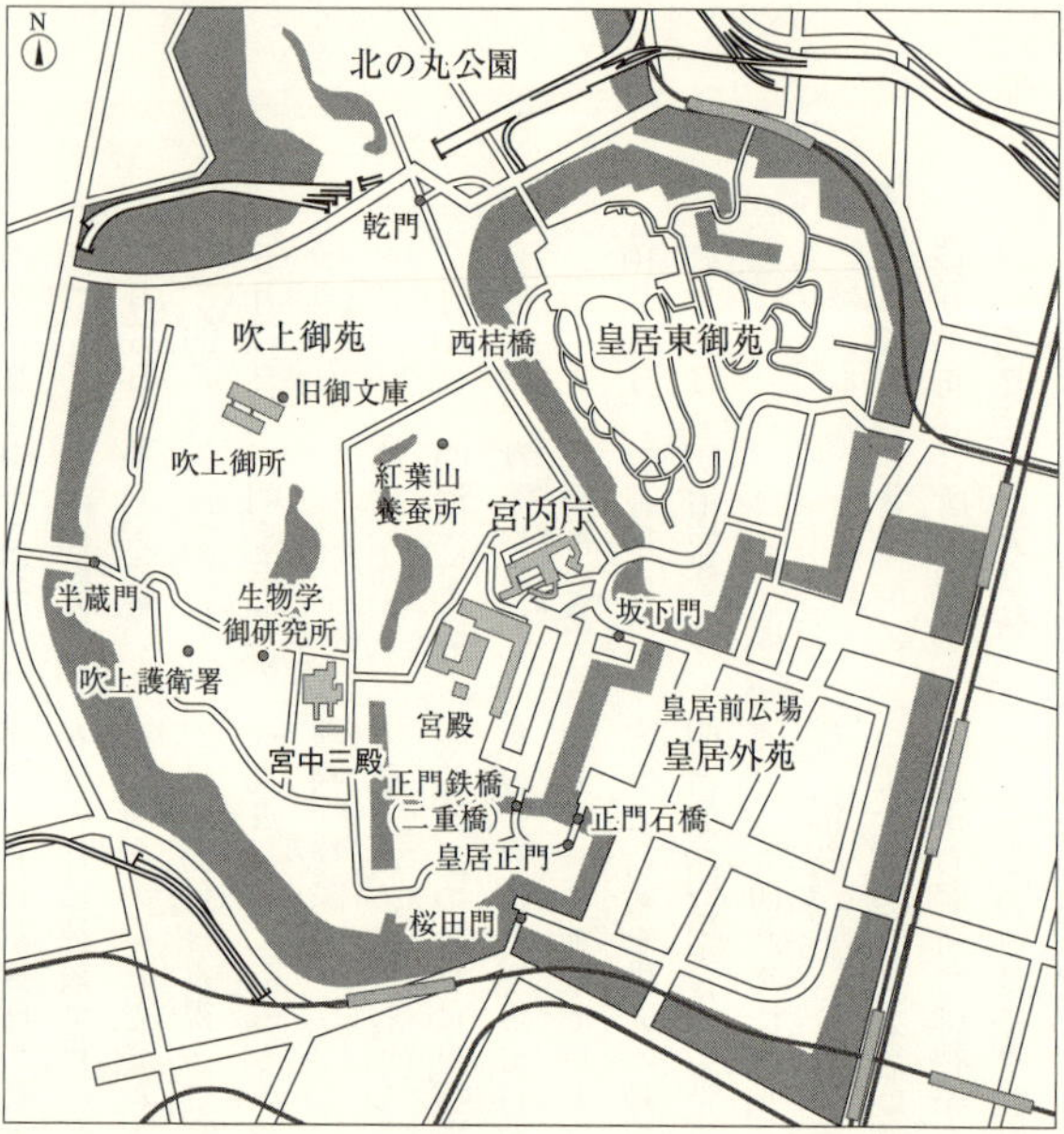


皇居概略図
(昭和末期)

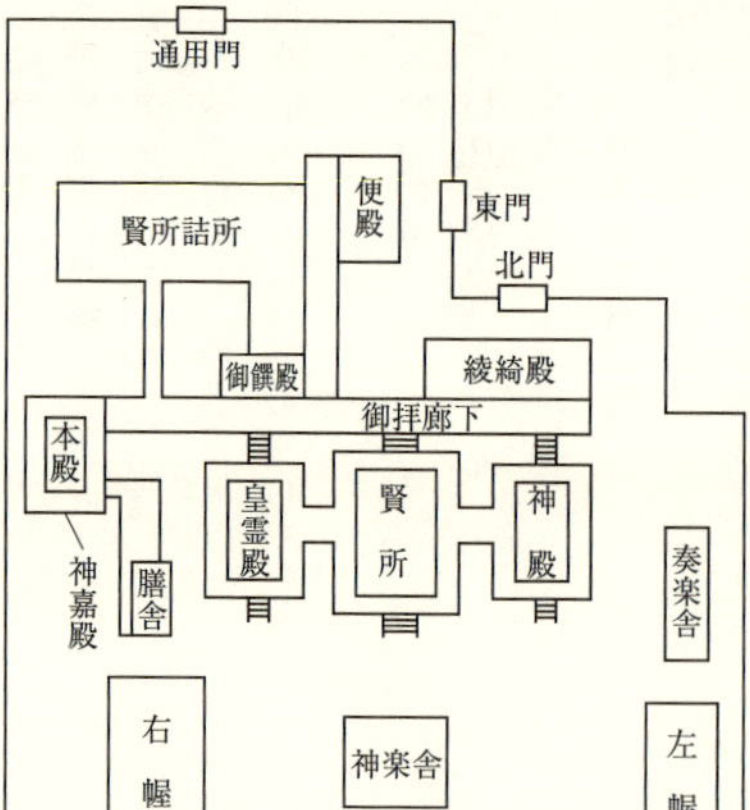


宮中三殿(賢所, 皇霊殿, 神殿)と付属施設

# 序章　一九八六年の新嘗祭

宮中三殿(右から神殿，賢所，皇霊殿．提供：宮内庁)

## 「聖なる空間」宮中三殿へ

一九八六(昭和六十一)年十一月二十三日のことであった。

午後七時前、八十五歳の天皇を乗せた自動車が皇居内の吹上御所《ふきあげごしょ》(現・吹上大宮御所)を出発し、同じ皇居内の宮中三殿《きゅうちゅうさんでん》に向かった。ここは、東京都千代田区千代田一番地。東京の真ん中とは思えない暗闇の中を、自動車はゆっくりと走った。

宮中三殿というのは、天皇家にとっての「聖なる空間」であり、天皇が宮中祭祀《きゅうちゅうさいし》を行う場所を意味する。三重県伊勢市の伊勢神宮にある八咫鏡《やたのかがみ》の分身が安置された賢所《かしこどころ》を中央に、歴代天皇や皇族の霊を祀《まつ》る皇霊殿《こうれいでん》と、天神地祇《てんじんちぎ》、すなわち天神《あまつかみ》と国神《くにつかみ》の八百万《やおよろず》の神々を祀る神殿《しんでん》をそれぞれ左右に配置した三つの建物から成っている。付属する綾綺殿《りょうきでん》や神嘉殿《しんかでん》なども含めて、一八八八(明治二十一)年に完成した。空襲でも焼失せず、戦後もずっと使われてきた。

午後七時、天皇は綾綺殿に入り、モーニングを脱ぎ、生絹《すずし》の白の祭服に着替えて手水《ちょうず》をした。宮中祭祀の際、天皇は黄櫨染御袍《こうろぜんのごほう》と呼ばれる茶褐色の服を着ることが多いが、この日ばかりは祭服を着るのがならわしだった。

潔斎《けっさい》は前日の夜に、吹上御所で済ませていた。賢所の奥に便殿《べんでん》と呼ばれる建物があり、皇太子はここで潔斎するが、天皇の潔斎所はない。天皇は宮中祭祀を行う前に、必ず潔斎して身を清めなければならなかった。

午後七時四十分頃、白装束姿の掌典長《しょうてんちょう》を先頭とする行列が、綾綺殿から御拝廊下《ぎょはいろうか》を通り、神嘉殿に向かった。掌典長は祭祀を担当する掌典職の長である。掌典長の後ろには、名古屋市の熱田神宮にある草薙剣《くさなぎのつるぎ》の分身を持った侍従、天皇、天皇の祭服の裾を上げる侍従、八坂瓊曲玉《やさかにのまがたま》を持った侍従が続いた。後には、皇太子(現天皇)も付き従っていた。

電気の照明器具は全くない。侍従が持つ脂燭《しそく》と呼ばれる明かりだけが、この行列を神々《こうごう》しく照らし出している。

草薙剣と八坂瓊曲玉は、二つあわせて「剣璽《けんじ》」と呼ばれ、ふだんは吹上御所内の「剣璽《けんし》の間」に安置されている。前述の八咫鏡とともに『日本書紀』に由来し、皇位の象徴である「三種の神器」を構成する。

神嘉殿は皇霊殿の左隣にあり、宮中三殿とは膳舎《かしわや》や幄舎《あくしゃ》で仕切られた独立の建物である。宮中三殿とは異なり、ふだんは何も祀られていないが、毎年十一月二十三日だけは本殿に神座と御座、そして寝座が設けられ、四隅には白木作りの灯籠が置かれるなど、重要な祭祀の舞台として整えられる。

その祭祀の名を、新嘗祭《にいなめさい》という。

いまは「勤労感謝の日」と呼ばれている十一月二十三日は、戦前は「新嘗祭」という名の祭日であった。数ある宮中祭祀のうち、天皇の即位に際してのみ行われる大嘗祭《だいじょうさい》とともに、最も重要な祭祀とされている。

天皇は、神嘉殿の正面扉から入り、本殿に進んだ。神嘉殿には段差がある。祭服の裾をもっていた侍従の卜部《うらべ》亮吾《りょうご》が、段差に足をとられて天皇がつまずかないよう、注意深く天皇の腰を支えた。

本殿に入ることができるのは、天皇だけである。掌典長や皇太子、侍従は本殿には入らず、その周囲に正座した。剣璽は、剣璽案《けんじのあん》と呼ばれる台に置かれた。

天皇は、本殿の新嘗用椅子に着いた。椅子の前には、食薦《すごも》と呼ばれるゴザが敷かれている。神嘉殿に付属する膳舎から、神饌《しんせん》、つまり皇祖神アマテラス(天照大御神、天照大神)に供えるための食物が、葛筥《くずばこ》と呼ばれる四つの箱に容れられて運ばれ、食薦の上に並べられる。皇居内で天皇自身が植え、刈り取った初穂をはじめ、全国の篤農家から献納された米や粟でつくられた飯や粥《かゆ》、白酒《しろき》や黒酒《くろき》などが、采女《うねめ》によって一品ずつ運ばれるのだ。これを行立《ぎょうりゅう》という。新嘗祭は原則として男性だけの祭祀であり、皇后、皇太子妃をはじめとする女性皇族や、女性の掌典職員である内掌典は出席できないものの、采女役を務める女官(女嬬《にょじゅ》)だけは本殿への立ち入りを特別に許されている。

神饌のうち、初穂と酒類だけは天皇が直接アマテラスに供える。いわゆる御親供《ごしんく》である。あとは采女が代わりに供えた。

それが終わると、天皇は米と粟の飯に手をつけ、白酒と黒酒を少々飲んだと思われる。

ここまでの手順を無事済ませた天皇は、神嘉殿から綾綺殿に戻り、もとの服に着替えた。時刻は午後八時を回っていた。卜部亮吾はこう記している。「7・40ごろ神嘉殿へ出御《しゅつぎょ》　お裾もち　お足もとは具合良し、入御《にゅうぎょ》の際もうまくお立ちになり万事順調、お発ち後お笏《しゃく》・お告文《つげぶみ》・お次第書捧持し8・14退下」(『昭和天皇最後の側近　卜部亮吾侍従日記』第2巻、朝日新聞社、二〇〇七年)。

## 最後の祭祀

新嘗祭は本来、「夕《よい》の儀」と「暁《あかつき》の儀」という、内容が全く同一の二つの祭りから成っており、夕方から未明までかかった。元掌典の星野輝興《てるおき》は、「御肉体においても日本人中一番御苦労遊ばされるは、天皇陛下にあらせられると心の底から思ひ奉られるこのお祭である」(『日本の祭祀　新訂版』国書刊行会、一九八七年)と述べている。

侍従次長、侍従長を歴任した入江相政《すけまさ》は、一九六〇年代末以降、天皇の高齢に配慮して天皇が行う宮中祭祀の負担を減らし、代拝で済ませるよう助言してきたが、天皇は入江の助言を受け入れ、七〇年の新嘗祭からは「暁の儀」を掌典長に代拝させ、「夕の儀」だけを行うとともに、七一年からは時間も短縮するようになっていた。

それ以降の新嘗祭の内容は、八三年から天皇が皇祖皇宗《こうそこうそう》の神霊に奏する「御告文」の朗読を省略して座椅子を使うようになり、さらに八四年から侍従職発注の椅子を使うようになったことを除けば、毎年ほぼ同じであったと見られる。元掌典長の永積寅彦《ながづみとらひこ》と元掌典の川出《かわで》清彦は、それぞれ『昭和天皇と私』(学習研究社、一九九二年)、『大嘗祭と宮中のまつり』(名著出版、一九九〇年)において、新嘗祭に詳しく触れている。八六年の新嘗祭に関する先の記述は、この二つの著書をもとにしながら、卜部亮吾の日記と八六年十二月八日付『神社新報』により修正を加えたものである。

七〇年に「暁の儀」を省略してからも、暖房設備のない神嘉殿で正座しなければならない新嘗祭の負担は決して軽くはなかった。天皇は新嘗祭が近づくと、テレビを見ているときでもあえて正座し、その日に備えた。八二年十一月二十三日には、入江相政が「これが最後の御用になるかもしれない」と日記に記している。

だがその後も、天皇は新嘗祭を欠席することはなかった。卜部亮吾は、「お祭りについても、天皇の務めとしてご自分でやり遂げるおつもりだったんですか」という問いに対して、「もちろんそうです。復活要求もなさいました。新嘗祭もやめていただこうとしたのですが、ご自身でやるとおっしゃり、昭和六十一年(一九八六)までなさいました」と答えている(『昭和を語る』財団法人昭和聖徳記念財団、二〇〇三年)。

八七年九月、膵臓《すいぞう》ガンが見つかった天皇は宮内庁病院で手術を受け、長い闘病生活に入った。この年の新嘗祭を、天皇は六四年に風邪で欠席して以来、初めて休んだ。天皇が死去したのは、それから一年あまりがたった八九年一月七日のことであった。

八六年の新嘗祭は、天皇にとって最後の祭祀となった。

## こだわりは、なぜ?

八六年十一月二十四日の朝刊で、前日夕方の新嘗祭を具体的に報道した新聞は一つもなかった。わずかに首相動静の欄に、「〔中曾根康弘〕首相（中略）〔午後〕7時5分、公邸発。皇居での新嘗祭に参列」とあるだけである。「勤労感謝の日」になお、天皇が新嘗祭を行っていたことに気づいた人々は、一体どれほどいただろうか。

それは象徴と呼ばれ、園遊会などで「あ、そう」と人々に声をかける当時の姿からは全く想像もできないこの天皇の素顔といってよかった。

迪宮裕仁《みちのみやひろひと》親王と名付けられ、死後には昭和天皇と追号されたこの天皇は、なぜ最晩年まで新嘗祭にこだわり続けたのか。

私はそこに、裕仁＝昭和天皇という人物を読み解く一つの重要な鍵があると考えている。

宮中三殿で行われる祭祀は新嘗祭だけではない。宮中祭祀には大祭《たいさい》と小祭《しょうさい》があり、ほかに毎月一日、十一日、二十一日に行われる旬祭《しゅんさい》もある。いまでも天皇は、一年に三十回前後の宮中祭祀に出席している。

こうした祭祀は、新嘗祭を除くほとんどが、宮中三殿と同じく明治になってつくられたもので、一九〇八（明治四十一）年に皇室祭祀令で定められた。戦前までの祝祭日は、一月五日の新年宴会を除いて、いずれも宮中祭祀が行われる日に当たり、その模様は新聞にも報道された。学校では祝祭日の意義が説かれ、「天長節」「紀元節」といった唱歌が歌われることもあった。

しかし皇室祭祀令は、日本国憲法が施行される前日に当たる四七年五月二日に廃止された。それに伴い、すべての祝祭日は廃止されるか、継続または復活しても全く別の名称に変更された。前者の例としては元始祭《げんしさい》（一月三日）、神武天皇祭（四月三日）、神嘗祭《かんなめさい》（十月十七日）などが、後者の例としては新嘗祭のほかに、春季皇霊祭《こうれいさい》・秋季皇霊祭（それぞれ春分の日・秋分の日へ。三月二十一日頃と九月二十三日頃）、天長節（天皇誕生日へ。四月二十九日）、明治節（文化の日へ。十一月三日）などがあった。六六年には、二月十一日の紀元節が「建国記念の日」として復活している。

このように、祝祭日の体系が大きく変わったにもかかわらず、宮中祭祀そのものは戦後も続けられた。日本の占領統治に当たったGHQ(連合国軍総司令部)は、憲法改正など民主化を進める一方、政治的理由から天皇制を温存したばかりか、皇居にはいっさい手をつけず、宮中三殿も三種の神器もそのまま残った。誰よりも天皇自身が、敗戦直後から祭祀の継続に意欲を燃やしていた。

昭和天皇の祭祀に対する熱意は、皇室祭祀令が廃止され、日本国憲法が施行されて象徴となった四七年以降も、少しも変わらなかった。宮中祭祀は戦前までのような公務としてではなく、天皇家の私事として、戦前と同じ祝祭日に継続したのである。それは、民主化の時代に逆行する行いのように見えなくもない。天皇は祭祀のたびに、神々に向かって、一体何を祈っていたのだろうか。

## 貞明皇后との確執

裕仁は、成年式を挙げた一九一九(大正八)年から、早くも大正天皇に代わって祭祀に出るようになる。ただ皇太子時代は、一貫して祭祀に熱心であったわけではない。それどころか二一年には、半年間にわたりヨーロッパを訪問して英国の王室から影響を受け、帰国後に摂政になるや、宮中の近代化を目指した。中でも熱心に取り組んだのが、一夫多妻制の温床となっている後宮《こうきゅう》を改革し、女官の数を大幅に減らすことであった。

大正天皇の時点で事実上の一夫一婦制は確立していたが、裕仁は世界の大勢に逆行する制度を名実ともになくそうとしたのである。これに対しては、宮中祭祀に差し障りが生じるとして、母親の節子《さだこ》、すなわち貞明《ていめい》皇后が反対し、大正天皇の代役を果たさずに祭祀をおろそかにしているように見えた裕仁に苦言を呈した。貞明皇后は、大正天皇の脳病が悪化する大正末期から、法学者の筧克彦《かけいかつひこ》が提唱する「神《かむ》ながらの道」にのめり込み、皇太后になる昭和期に入ると、さらに神がかりの傾向を強めていった。

祭祀というのは、ただ形式通りに御告文を読んだり、拝礼したりするだけではダメだ。心底から皇祖皇宗の存在を信じ、その前に額《ぬか》ずいて祈ることができなければ「神罰」が当たる——このような貞明皇后の思いが、確執をはらみながらも昭和天皇にどのような影響を与えたか。本書ではその点を注意深く探ってみたい。

## 生物学研究と「神」

もう一つ、裕仁が皇太子時代から始めた生物学研究についても触れておく必要がある。

昭和天皇は宮城内に生物学御研究所を設ける一方、昭和初期には生物学研究のための地方視察を行った。葉山御用邸や那須御用邸でも、四二年まで海産生物や変形菌の採集を続けている。

大正天皇も葉山御用邸を気に入っていたが、大正天皇と昭和天皇では、葉山に滞在中の過ごし方が全く異なっていたわけである。

天皇は当初、宮中祭祀よりも生物学研究の方を優先させ、祭祀があっても葉山から東京に戻らないことがあった。だがしだいに、葉山に滞在していても、祭祀の方を優先させるようになる。その背景には、貞明皇后からの影響のほかに、生物学研究自体が天皇の祭祀に対する考えを改めさせた可能性がある。

この点につき、昭和天皇の元学友で、侍従や掌典長として長年仕えた永積寅彦は、天皇の死去後に次のような発言をしている。

陛下は生物学のご研究にご熱心でございましたが、私ども素人でも自然界の森羅万象を見ておりますと、その千変万化の現象を通じて、何か一つの統一、秩序整然たる統一があって、何かそこに万物を生々化育せられる神の存在をどうしても考えざるを得ないように思います。これは陛下にお伺いしたことではありませんが、先帝さまは生物学ご研究の上からも、堅いご信仰をお持ちであったと私は拝察しておったのでございます。　（前掲『昭和天皇と私』）

生物学を研究することと、「神」の存在を信じることは矛盾しない——永積のこの発言は重要である。たしかに新嘗祭にしても、生物と神々、「合理」と「非合理」を接合する祭祀といえなくもない。すぐれた生物学者が宗教や「神」に深い関心を寄せる好例は、昭和初期に天皇自身が会った南方熊楠《みなかたくまぐす》や中澤毅一に見ることができる。

一九三七年に勃発した日中戦争以降、天皇は毎年続けていた地方視察を中断する。また戦争の激化とともに、御用邸での滞在や生物学研究も中断されるが、宮中祭祀だけは一貫して続けられた。いやむしろ、天皇はますます祭祀に熱心になり、宮中三殿のほかに、靖国神社や伊勢神宮にもしばしば参拝する。特に靖国神社には四五年まで毎年欠かさず参拝し、飛躍的に増えつつあった「英霊」に向かって拝礼するようになる。

天皇の祈りを本物にしたのは、戦争であった。太平洋戦争が勃発した翌年の一九四二年、天皇は伊勢神宮に参拝し、アマテラスに戦勝を祈った。戦況が悪化した四五年になっても、天皇は祭祀を続け、勝利にこだわった。六月にようやく終結に向けて動き出すが、天皇が最後まで固執したのは、皇祖神アマテラスから受け継がれてきた「三種の神器」を死守することであって、国民の生命を救うことは二の次であった。

四五年八月の敗戦以降、天皇はキリスト教を宮中に受け入れるなど、天皇制を温存させたGHQと妥協を図りつつ、依然として宮中祭祀に強いこだわりを見せた。なぜ天皇は、祈りがかなわなかったにもかかわらず、戦後も戦前と同様に祭祀を続けたのか。本書はこの問題についても、新たな光を当てることを目指している。

## 戦前と戦後の連続面

これまで描かれてきた昭和天皇像は、多かれ少なかれ戦前と戦後の断絶を強調するものが多かった。たしかに憲法を見る限り、大日本帝国憲法のもとで「統治権の総攬者《そうらんしゃ》」とされた戦前の天皇と、日本国憲法のもとで「国民統合の象徴」とされた戦後の天皇の間に大きな違いがあるのは、一見して明らかである。

しかし、憲法の条文だけで天皇の実像をとらえることはできない。少なくとも昭和天皇自身にとって、戦前と戦後はむしろ連続する面が多かった。それをわかりやすく示すために掲げたのが、座標1「戦前の昭和天皇」と座標2「戦後の昭和天皇」(一五ページ参照)である。

どちらの座標も、横軸のプラスは「不可視の天皇」あるいは「『お濠《ほり》の内側』の天皇」を、横軸のマイナスは「可視の天皇」ないしは「『お濠の外側』の天皇」を、縦軸のプラスは「非政治的主体としての天皇」を、縦軸のマイナスは「政治的主体としての天皇」を示す。ここでいう「政治」とは、天皇の権威を認識する人々に対する支配という広い意味で用いている。

そうすると、座標1と座標2にそれぞれ四つの象限が現れる。各象限には、そこに当てはまる天皇の職務や活動が書かれているが、これらはあくまで代表的なものであって、すべてではないことを断っておく。

すなわち、座標1の第一象限には宮中祭祀や歌会始《うたかいはじめ》に出席し、生物学研究や田植え、ゴルフなどを行う天皇が、第二象限には御用邸を訪れ、観桜会や観菊会に出席する天皇が、第三象限には地方視察を行い、陸海軍の軍事演習を統監し、親閲式、観兵式、観艦式、記念式典、卒業式などに出席する天皇が、第四象限には宮殿や、戦中期に防空施設として宮城内につくられた「御文庫《おぶんこ》」で政務に励み、首相や閣僚からの上奏や内奏に対して下問し、戦中期には御前会議や最高戦争指導会議などに出席する天皇が、それぞれ浮かび上がる。戦前の天皇は、統帥はもちろん、国務においても「立憲君主」を逸脱する政治力を発揮していたことがわかっている。

また、座標2の第一象限にはやはり宮中祭祀や歌会始に出席し、生物学研究や田植えなどを行う天皇が、第二象限には御用邸を訪れ、園遊会に出席する天皇が、第三象限には地方視察や外国訪問を行い、国民体育大会や植樹祭・全国戦没者追悼式などに出席する天皇が、第四象限には首相や閣僚からの内奏に対して下問したり、占領期に連合国軍最高司令官のマッカーサーやリッジウェイと会見したりする天皇が、それぞれ浮かび上がる(天皇とマッカーサーは「お濠の内側」で一度も会わなかったが、「不可視の天皇」としての面を踏まえて第四象限に含めた)。占領期の昭和天皇は、連合国軍最高司令官との会見を通して政治的意思を表明し続けたほか、日本国憲法で象徴とされてからも、戦前と比べて回数こそ減るものの、戦前から続く内奏に対する下問を通して、政治力を保とうとしたことがわかっている。

座標1　戦前の昭和天皇

非政治的主体

| お濠の外側・可視の天皇 | お濠の内側・不可視の天皇 |
| --- | --- |
| 御用邸訪問<br>観桜会・観菊会 | 宮中祭祀<br>歌会始<br>生物学研究・田植え・稲刈り・ゴルフ |
| 地方視察<br>軍事演習<br>親閲式・観兵式・観艦式・記念式典・卒業式 | 政務・御前会議などの会議<br>上奏, 内奏に対する下問<br>一部の宮中祭祀(戦中期) |

お濠の外側

可視の天皇

お濠の内側

不可視の天皇

政治的主体

座標2　戦後の昭和天皇

非政治的主体

| お濠の外側・可視の天皇 | お濠の内側・不可視の天皇 |
| --- | --- |
| 御用邸訪問<br>園遊会 | 宮中祭祀<br>歌会始<br>生物学研究・田植え・稲刈り |
| 地方視察<br>外国訪問<br>国民体育大会・植樹祭・全国戦没者追悼式 | 内奏に対する下問<br>連合国軍最高司令官との会見(占領期) |

お濠の外側

可視の天皇

お濠の内側

不可視の天皇

政治的主体

## 宮中祭祀への着目

座標1と座標2の各象限を比較すると、戦前と戦後の昭和天皇がいかに連続しているかがわかろう。ちなみに侍従長の徳川義寛《よしひろ》は、「天皇が統治権の総攬者から象徴へと憲法の上では変わったわけですが、言葉が変わっただけで、本質はそんなに変わったわけではない。陛下は同じですよ」(『侍従長の遺言』朝日新聞社、一九九七年)と述べ、天皇自身も、七五年に「広い観点から見るならば、戦前と戦後の(価値観の)変化があるとは思っていません」(高橋紘、鈴木邦彦『陛下、お尋ね申し上げます』現代史出版会、一九八二年)と話したことがある。

中でも、皇太子時代を含めて最も長く続けたのが、第二象限の御用邸訪問および第三象限の地方視察を合わせた行幸(皇太子時代は行啓)と、第一象限の宮中祭祀にほかならない。

行幸については、坂本孝治郎『象徴天皇制へのパフォーマンス』(山川出版社、一九八九年)や拙著『可視化された帝国』(みすず書房、二〇〇一年)のような先行研究がある。『可視化された帝国』では、天皇が戦前ばかりか、戦後もなお、地方視察の途上で支配の主体となることを考察した。だが、祭祀に着目して戦前と戦後を一貫する昭和天皇の姿をとらえた研究は、管見の限りまだ出ていない。

というのも、宮中祭祀は「お濠の内側」で行われるばかりか、それを行う天皇の姿が公開されることもないからである。戦前には、新聞でどの祭祀に誰が出席したかが大きく報道されたが、戦後になると必ずしも掲載されなくなる。御告文の内容が公表されることはなく、文書としても残されていない。そもそも、天皇自身が書いた史料がほとんど残っていない。史料の収集を本職とする学者にとっては、まさに致命的な欠陥を抱えているのである。

しかし、祭祀を避けていては、この天皇の実像は見えてこない。それは戦前、戦後を通して、天皇の和歌に「いのる」「神」という言葉が多く見られることだけでも明らかだろう。「祈る」「をろがむ」「をがむ」を合わせた「いのる」が含まれた昭和天皇の和歌は、四十二首にのぼる。天皇の和歌に用いられた動詞の数としては、「みる」「おもふ」に次いで多い（田所泉『昭和天皇の〈文学〉』風濤社、二〇〇五年）。

和歌ばかりではない。側近の日記や回想録によっては、祭祀に対する天皇自身の考えや、御告文の内容も断片的に記録されている。もちろん本書では、こうした史料を最大限集めることに努めたとはいえ、それだけで戦前から戦後にかけての膨大な「空白」を埋めることができるわけではない。とりわけ、皇室内部のプライベートな人間関係についてはそうである。あらかじめ、筆者自身による推測に頼らざるを得ない部分があるのをお断りしておきたい。

本書では、たとえ天皇や皇室に対する尊敬が含まれる場合でも、原則として同時代に使われた皇室用語をそのまま使った。出典は原則として引用するたびに（　）で明記したが、頻出する次の日記については、略語を用いた。

・『侍従武官長奈良武次《たけじ》日記・回顧録』全四巻（柏書房、二〇〇〇年）→奈1〜奈4

・『昭和初期の天皇と宮中　侍従次長河井弥八日記』全六巻（岩波書店、一九九三〜九四年）→河1〜河6

・『高松宮日記』全八巻（中央公論社、一九九五〜九七年）→高1〜高8

・『木戸幸一日記』上下（東京大学出版会、一九六六年）→木・上、木・下

・『入江相政日記』全十二巻（朝日文庫、一九九四〜九五年）→入1〜入12

・『芦田均日記』第一巻・第二巻（岩波書店、一九八六年）→芦1、芦2

・『昭和天皇最後の側近　卜部亮吾侍従日記』全五巻（朝日新聞社、二〇〇七年）→卜1〜卜5

なお、引用文中の〔　〕や［　］でくくった箇所は、日記の編者ないし引用者による加筆か、誤植の直しを意味する。

# 第一章　「万世一系」の自覚

10代の裕仁皇太子(後の昭和天皇，席は前列中央)が5人の学友と共に学んだ東宮御学問所の教室．後列の背もたれの無いのは参観席(1914年．提供：毎日新聞社)

## 十八歳で第一歩を

一九一九(大正八)年七月三十日、首相の原敬《たかし》は日記にこう書いている。

明治天皇祭に付《つき》賢所に参朝せり、皇太子殿下御成年後に付始めて御親拝ありたり(両陛下は御不在)。

(『原敬日記』第八巻、乾元社、一九五〇年)

このさりげない一文は、「皇太子殿下」、つまり後の昭和天皇が、宮中祭祀に関する本格的な第一歩を踏み出したのがいつだったかを明かす貴重な証言となっている。

七月三十日は、明治天皇の命日に当たる。皇室では、四代前までの天皇の命日に毎年行われる祭祀を、その天皇の諡《おくりな》(贈り名)をとって「〜天皇(例)祭」(ただし死去から三年、五年、十年、二十年、三十年、四十年、五十年、以後毎百年目などに当たる年は「〜天皇〜年式年祭」)と呼んでいる。

一九一二年七月三十日、元号は明治四十五年から大正元年に変わるとともに、嘉仁《よしひと》皇太子が天皇となり、迪宮裕仁《みちのみやひろひと》親王は皇太子となった。それから二六年十二月二十五日に大正天皇が死去するまでの昭和天皇を、本書では以下、「裕仁皇太子」、あるいは単に「皇太子」と呼ぶことにする。

裕仁皇太子は、一九年四月二十九日の誕生日で成年に当たる満十八歳に達し、同年五月七日に宮中三殿の賢所で成年式を挙げたばかりであった。

明治天皇の死去から一年あまりがたち、喪が明けた一三年八月二日には「明治天皇霊代奉遷ノ儀」(明治天皇一周年祭)が行われ、歴代天皇や皇族の霊をまつる宮中三殿の皇霊殿に明治天皇の霊が合祀された。そして一四年からは、毎年七月三十日に明治天皇祭が皇霊殿で行われるようになった。

したがって原が「賢所」と記しているのは、正確には皇霊殿である。

前述のように、宮中祭祀には大祭と小祭があった。明治天皇祭は大祭に当たる。正確を期しておこう。一九〇八年公布の皇室祭祀令では、大祭と小祭を次のように定めていた。

第八条　大祭ニハ天皇皇族及官僚ヲ率《い》キテ親《みずか》ラ祭典ヲ行フ

天皇喪ニ在リ其ノ他事故アルトキハ前項ノ祭典ハ皇族又ハ掌典長ヲシテ之ヲ行ハシム

第二十条　小祭ニハ天皇皇族及官僚ヲ率キテ親ラ拝礼シ掌典長祭典ヲ行フ

天皇喪ニ在リ其ノ他事故アルトキハ前項ノ拝礼ハ皇族又ハ侍従ヲシテ之ヲ行ハシム

この条文に従えば、明治天皇祭では大正天皇が祭祀を行わなければならなかった。ところが当時、大正天皇の体調はすでに悪化の一途をたどっていた。天皇は貞明皇后とともに、一九年一月から三月にかけては葉山御用邸に、七月から九月にかけては日光田母沢《たもざわ》御用邸に、それぞれ静養のため滞在しており、明治天皇祭のときも日光にいた。二月に葉山を訪れた原は、侍医から天皇の病気につき、「御脳の方に何か御病気あるに非らずやと云ふ事」(前掲『原敬日記』第八巻)を初めて聞いている。

これは、皇室祭祀令第八条の「其ノ他事故アルトキ」に相当した。明治天皇祭で天皇の代役を務めたのは、皇太子ではなく、掌典長で、貞明皇后の兄でもあった九条道實《くじょうみちざね》であった。「天皇陛下御代拝九條掌典長親しく御玉串を捧げて御拝を為し、皇后陛下同上竹屋《たけや》〔津根子《つねこ》〕権典侍《ごんのてんじ》次《つい》で拝礼を遂げ、皇太子殿下の御拝礼あり」(『万朝報』一九一九年七月三十一日)。

二〇〇二年から公開が始まった『大正天皇実録』によれば、大正天皇が出席したことが確認される最後の祭祀は、一九年の神嘗祭であった(なお一九一九年十一月二十四日付『読売新聞』には、同年の新嘗祭にも天皇が出席していたとある)。

## 明治・大正天皇と祭祀

ただし大正天皇は、体調を崩す前から宮中祭祀に熱心でなかった。明治天皇が死去した一二年七月から一年間と、その妻の美子《はるこ》、すなわち昭憲《しょうけん》皇太后が死去した一四年四月からの一年間は、いずれも宮中喪につき全く祭祀には出られなかったが、それ以外にも皇室祭祀令第八条を無視する形で、祭祀をしばしば休んだ。

例えば一三年には、喪が明けてからも新嘗祭、光格天皇例祭(十二月十二日)、賢所御神楽《みかぐら》(十二月十五日)、後桜町院《ごさくらまちいん》天皇百年式年祭(十二月二十四日)に、一六年と一八年にも、孝明天皇例祭(一月三十日)、祈年祭(二月十七日)、仁孝《にんこう》天皇例祭(二月二十一日)に、それぞれ欠席している。前者の欠席理由は、『大正天皇実録』にも書かれていない。しかし後者ははっきりしている。

貞明皇后とともに葉山御用邸に滞在していたからである。

大正天皇は一五年以降、毎年一月ないし二月から三月にかけて、避寒のため葉山に長期間滞在するようになる。この間の天皇は、二月十一日の紀元節祭を除いて、祭祀のためにわざわざ東京に戻ることはなかった。紀元節祭は大祭であるのに対して、孝明天皇例祭、祈年祭、仁孝天皇例祭は小祭であることから、大正天皇には大祭はともかく、掌典長が行う小祭まで出席しなくてもよいという思いがあったのではないか。そのせいか大正時代には、秋の収穫や五穀豊穣《ごこくほうじょう》を祈る祈年祭のように、天皇の出席が一度も確認できない祭祀もあった(『大正天皇実録』の一四年二月十七日条には、「祈年祭ニヨリ、神宮ニ勅使掌典宮地厳夫《みやじいずお》ヲ参向セシメ」とあって、その後が黒く塗られている。ここに天皇の出席が記されている可能性もあるが、『宮内省省報』にその記述はない)。

もっとも、大正天皇は父親である明治天皇の祭祀に対する消極的な態度をまねたようにも見える。明治天皇は日清戦争以降、しだいに宮中祭祀に出なくなり、「天皇喪ニ在リ其ノ他事故アルトキ」のどちらでもないのに、晩年はほぼ完全に代拝に任せるようになった。後の日中戦争や太平洋戦争の最中における昭和天皇とは対照的に、明治天皇は日露戦争の最中でも、毎月一日に行われる旬祭に五回、新嘗祭に一回、それぞれ出席しただけである(『明治天皇紀』第十および第十一、吉川弘文館、一九七四〜七五年)。

その理由としては、一つには明治天皇が潔斎を嫌ったことが考えられる。宮中三殿は天皇家にとって最も聖なる場所であるから、祭祀の前には必ず潔斎、つまり湯を浴びる必要がある。ところが、「御湯は夏ばかりであつたさうでございます」(日野西資博『明治天皇の御日常』新学社教友館、一九七六年)という関係者の証言もあるように、天皇はそもそも、一年を通して湯を浴びる習慣を持たなかった。

もう一つの理由としては、明治天皇が宮中祭祀そのものを、「創られた伝統」と見なしていたことが考えられる。祭祀を「国体」の根幹と見なす後期水戸学の影響のもとに宮中祭祀が確立されるのは、前述のように明治になってからであった。京都に強い郷愁を抱いていた明治天皇は、自らの在位中に東京で宮中祭祀という「にせの伝統」が創られてゆくことに対して、どこかしら冷めた感情を持っていたように思われる。もっといえば、明治天皇には東京を正式な首都と認めたくない感情があったのではないか。

だがこのことは、天皇が神道のイデオロギーを信じていなかったことを意味するわけではない。それどころか明治天皇には、大正天皇や昭和天皇とは異なり、「あまてらす」や「伊勢のおほ神」など、抽象的な「神」ではなく、皇祖神そのものにははばかることもなく言及した和歌が多く残っている。またジャーナリストの前田蓮山によれば、「（明治）天皇は御自身生神《いきがみ》のつもりで、伊勢神宮と常に霊の交通があると信じていられた」（『歴代内閣物語』上、時事通信社、一九六一年）という。そうだとすれば、天皇が祭祀に出なくなるのは、「生神」である自分が参拝する必要を認めなくなったからかもしれない。

## 貞明皇后と祭祀

明治天皇は、祭祀を休んでも、私的理由から東京を離れることはなかった。利用頻度の高かった葉山、日光田母沢、沼津の各御用邸はいずれも一八九〇年代にできているが、明治天皇がこれらの御用邸を利用したことは一度もない。

大正天皇は、この点で明治天皇とは違っていた。皇太子時代から旅行好きで、東京にじっとしているのを好まなかった大正天皇は、明治天皇が死去してからも、貞明皇后とともに避暑や避寒のために葉山や日光田母沢の御用邸に長期間滞在するという、皇太子時代に確立したライフスタイルを維持した。祭祀よりも私的な休暇の方を優先させていることから想像されるように、この天皇は神道そのものを重視していなかったように見える。

注意すべきは、天皇と皇后がそろって御用邸に滞在していたことである。皇后は、天皇が東京にいて祭祀に出ているときには、一九一五年十二月に澄宮崇仁《すみのみやたかひと》親王(後の三笠宮)を産んだ前後の期間を除いて、女性皇族が出られない新嘗祭を除く大祭に出ることが多かったが、天皇が御用邸にいるときには、皇后も一緒にいて祭祀に出なかった。天皇に代わり、皇太子が祭祀に出るようになってからも、その傾向は変わらなかった。

二一年五月九日、貞明皇后は宮内《くない》大臣の牧野伸顕《のぶあき》に対して、「聖上《せいじょう》の御負担」につき、こう述べている。

日記抔《など》を視るに京都時代は只今より余程簡単であつたと視ゆ、明治になり復旧なされたるもの多し、日記には祭事に付、女官が代理したるもの少からず、御代〳〵の中に御弱き方も入らせられ夫《そ》れが為め右の如き取計らひありたるものと考へらる（以下略）。

（『牧野伸顕日記』中央公論社、一九九〇年）

ここには「祭事」、つまり幕末まで京都御所内の賢所（春興殿《しゅんこうでん》、または内侍所《ないしどころ》）で行われていた祭祀の多くは女官が行っていたのに、明治になって宮中祭祀の「復旧」がなされると、それらが年中行事化した上、天皇の出席が義務づけられるようになったとする、皇后の批判的な眼差しがある。父の道孝、兄の道實と、二代続けて掌典長を輩出した九条家に生まれながら、貞明皇后が大正天皇と同じく宮中祭祀に熱心でなかったのは、やはり「創られた伝統」と見なす認識があったからだと思われる。

しかし後に見るように、天皇の体調がますます悪化するこのころから、皇后は認識を改め、皇太子に祭祀の重要性を説くようになる。

## 南朝正統論と「三種の神器」

こうして見ると、昭和天皇が成年式を終えた直後から明治天皇祭に出席していることは、明治天皇や大正天皇に比べてむしろ特異であったといえる。これ以降の裕仁皇太子は、全く出られなくなる大正天皇と入れ替わるようにして祝祭日のたびに宮中三殿に通い、祭祀に出席することが多くなる。

皇太子のこのような態度は、一体どこから来ていたのだろうか。

それを探るためには、当時の皇太子が学んでいた東宮御学問所《とうぐうおがくもんじょ》での教育について見ておく必要がある。

東宮御学問所というのは、一四年五月に高輪の東宮御所(現・旧高松宮邸)に設けられた皇太子の教育機関のことである(ただし九月までは東宮仮御学問所)。皇太子は同年四月に学習院初等科を卒業してから、五人の学友とともにこの新しい学校に入学した。五人とはいえ集団教育にしたのは、学習院中等科を中退して個人教育に切り替えたことで、精神的な孤独感や情操面の欠如がもたらされたとする大正天皇の教訓を踏まえたからであった。

この学校で皇太子に大きな影響を与えたといわれるのが、倫理を担当した杉浦重剛《しげたけ》であった。杉浦は講義の方針として、第一に「三種の神器に則り皇道を体し給ふべきこと」を挙げ、一四年六月二十二日から始まった講義でも、「三種の神器」をまず取り上げた(『杉浦重剛全集』第四巻、杉浦重剛全集刊行会、一九八二年)。「倫理御進講の趣旨」と題する文章で、杉浦は次のように述べている。

三種の神器及び之と共に賜はりたる天壌無窮の神勅は我国家成立の根柢にして国体の淵源また実に此に存す。是れ最も先づ覚知せられざるべからざる所なり。殊《こと》に神器に託して与へられたる知仁勇三徳の教訓は国を統《す》べ民を治むるに一日も忘るべからざる所にして真《まこと》に万世不易の大道たり。故に我国歴代の天皇は皆此の御遺訓を体して能《よ》く其の本に報い始《はじめ》に反《かえ》り常に皇祖の威徳を顕彰せんことを勉《つと》めさせ給へり。是れ我が皇室の連綿として無窮に栄え給ふ所以《ゆえん》また皇恩の四海に洽《あま》ねき所以なり。左《さ》れば将来我国を統御し給ふべき皇儲《こうちょ》〔皇太子〕殿下は先づ能く皇祖の御遺訓に従ひ皇道を体し給ふべきものと信ず。

（前掲『杉浦重剛全集』第四巻）

「三種の神器」を重視するのは、もちろん杉浦が初めてではない。明治末期に学習院長となり、後の昭和天皇に影響を与えた乃木希典《のぎまれすけ》は、自刃《じじん》する直前に皇太子に会い、山鹿素行《やまがそこう》の『中朝事実』を献上した。その中にも、「竊《ひそ》かに按ずるに、三器は天神の功器、三徳の全備なり。（中略）蓋《けだ》し皇統の受授は必ず三神器を以てし、而《しこう》して宝祚《ほうそ》の永久なるを期して伝国《でんごく》の信誠《まこと》を表はす。聖主必ず殿を同じうし床を共にし、以て治平の道を崇《たっと》ぶ。中州《ちゅうしゅう》の渾厚《こんこう》なる、系連綿邈《けいれんめんばく》の無窮なる、皆神聖の致す所なり」（神器章）という文章がある。先に引用した杉浦の文章との類似は明らかだろう。

杉浦が乃木の遺訓ともいうべき『中朝事実』を念頭においていたのは想像に難くない。だがおそらく、杉浦にとって、「三種の神器」はそれ以上に重要な存在であった。

一九一〇年の国定教科書『尋常小学日本歴史』の教師用教科書発行をきっかけに、いわゆる南北朝正閏《せいじゅん》論争が起こった。南北朝時代については南北朝を対等に扱い、両朝のうちどちらが正統かは論ずるべきでないとする執筆者の喜田貞吉《きたさだきち》に対して、一一年、南朝正統論者から非難の声が上がり、桂太郎内閣が喜田を休職処分にして南朝正統説の採用を閣議決定するとともに、南朝を正統とする勅裁まで下された。これにより南北朝時代は「吉野朝時代」と改められ、北朝の天皇の存在はいっさい認められなくなった。裕仁の学習院初等科時代に当たる一三年三月に、同じ五年級東組の級友がつけていた「明治四十五年度日誌」でも、南北朝時代は「吉野ノ朝廷」または「吉野朝廷」と呼ばれていた。

けれども、天皇家は南朝ではなく、北朝の血統を継いでいた。にもかかわらず南朝が正統とされたことで、天皇家は血統に代わる正統性の根拠を見いださなければならなくなった。そこで浮上してきたのが、一三九二年の南北朝合一のさい、南朝から北朝に譲り渡されたとされる「三種の神器」であった。

後に昭和天皇の侍従武官長となる本庄繁《ほんじょうしげる》の三五年三月二十九日の日記には、「自分の如きも北朝の血を引けるものにて」という天皇自身の言葉がある。それとともに、当時の宮内大臣であった湯《ゆ》浅倉平《あさくらへい》の次のような言葉が書き留められている。

御血統は南北何《いず》れにしても同一にして、只皇統は三種の神器を受け嗣《つ》がれたる処《ところ》を正しとす、即ち北朝の天子が南朝の天子より神器を引嗣かれたる後は、其方を正統とせざるべからず。

（『本庄日記』原書房、一九八九年）

この思いは、杉浦重剛にも共有されていたのではなかろうか。南朝正統論が確立した一九一一年以降、「三種の神器」は「万世一系の皇統」を担保する神聖なものとなった。明治天皇はもちろん、大正天皇にもおそらくはなかった意識を、昭和天皇は皇太子時代から、決して見てはならない神器に対して抱くようになる。

「三種の神器」が神聖なものとなったことで、その一つである八咫鏡《やたのかがみ》の分身が安置されている賢所、あるいは宮中三殿全体は、八咫鏡の本体が安置された伊勢神宮や、草薙剣の本体が安置された熱田神宮と同様に「聖なる空間」となった。そこで行われる宮中祭祀は、もはや「創られた伝統」ではなくなるのである。

## 地方視察と天皇陵参拝

東宮御学問所で、杉浦と並んで皇太子に大きな影響を与えたと思われるのが、国史を担当した白鳥庫吉《しらとりくらきち》であった。白鳥が著した東宮御学問所の教科書『國史』(全五巻)を見ると、それが一般の教科書とは違って、徹底して天皇中心であり、神武から明治に至る歴代天皇の「聖徳」が強調されているのがわかる。

歴史に忠実に従えば、平安時代から江戸時代にかけての天皇の多くは、生前も没後も「〜天皇」と呼ばれたわけではなく、没後には「一条院」「後水尾院《ごみずのおいん》」という具合に「〜院」と呼ばれたが、白鳥はすべての天皇の表記を「〜天皇」で統一した。ただし南朝正統論に配慮してであろう、光厳《こうごん》から後円融《ごえんゆう》までの北朝五代の天皇については、後醍醐から後亀山までの南朝の天皇の章で補足的に触れられるにとどまっている。

注目すべきは、東宮御学問所での学習の一環として非公式の地方視察がしばしば行われ、その途上、皇太子が五人の学友とともに、伊勢神宮や平安神宮、宮崎神宮など、天皇とつながりのある神社ばかりか、関西を中心に分布する天皇陵や、佐渡や隠岐に流された天皇の火葬塚などを数多く参拝していることである。

拙著『大正天皇』(朝日選書、二〇〇〇年)で詳しく紹介したように、学習の一環としての地方視察自体は、大正天皇の皇太子時代に前例があった。だが嘉仁皇太子が訪れた天皇陵は、せいぜい京都の泉涌寺《せんにゅうじ》にある天皇陵や滋賀の弘文天皇陵ぐらいであった。弘文天皇とは大友皇子《おおとものおうじ》のことで、明治になってから天皇号が追諡《ついし》された。全体的には、明治天皇の巡幸と同じく、県庁や学校、産業施設、軍事施設、神社への訪問が多くを占めていた。

一方、裕仁皇太子の地方視察では、それらに交じって、数多くの天皇陵や火葬塚などを訪れている。ここには、白鳥の意向が濃厚に反映されているように思われる。東宮御学問所時代に当たる一九一五年から二〇年までに皇太子が訪れた天皇陵や火葬塚を、次に一括して掲げよう(〔 〕内は所在地、〈 〉内は天皇の歴代数、(火)は火葬塚、それ以外は神武以前の三代を含む天皇陵を示す。『宮内省省報』および総本山御寺泉涌寺編『泉涌寺史』本文篇、法蔵館、一九八四年、より作成)。

一九一五年

**〔京都〕**〈121〉孝明、〈122〉明治。**〔奈良〕**〈1〉神武。

一九一六年

**〔新潟〕**〈84〉順徳(火)。**〔京都〕**〈119〉光格、〈120〉仁孝、〈121〉孝明、〈122〉明治。**〔奈良〕**〈1〉神武。

一九一七年

**〔奈良〕**〈1〉神武、〈2〉綏靖《すいぜい》、〈4〉懿徳《いとく》、〈9〉開化、〈10〉崇神《すじん》、〈11〉垂仁、〈12〉景行、〈29〉欽明、〈40〉天武、〈41〉持統、〈45〉聖武、〈51〉平城、〈96〉後醍醐。**〔大阪〕**〈15〉応神、〈16〉仁徳、

〈18〉反正《はんぜい》、〈19〉允恭《いんぎょう》、〈31〉用明、〈33〉推古、聖徳太子廟、〈36〉孝徳、〈97〉後村上。**〔島根〕**〈82〉後鳥羽（火）。

一九一八年

**〔京都〕**〈38〉天智、〈50〉桓武、〈52〉嵯峨、〈54〉仁明《にんみょう》、〈55〉文徳《もんとく》、〈58〉光孝、〈65〉花山《かざん》、〈66〉一条、〈67〉三条、〈69〉後朱雀《ごすざく》、〈70〉後冷泉《ごれいぜい》、〈71〉後三条、〈73〉堀河、〈77〉後白河、〈78〉二条、〈82〉後鳥羽、〈83〉土御門、〈84〉順徳、〈86〉後堀河、〈87〉四条、〈88〉後嵯峨、〈89〉後深草《ごふかくさ》、〈90〉亀山、〈91〉後宇多、〈92〉伏見、〈93〉後伏見、〈99〉後亀山、〈100〉後小松、〈101〉称光、〈103〉後土御門、〈104〉後柏原、〈105〉後奈良、〈106〉正親町《おおぎまち》、〈107〉後陽成、〈108〉後水尾、〈109〉明正《めいしょう》、〈110〉後光明、〈111〉後西《ごさい》、〈112〉霊元、〈113〉東山、〈114〉中御門、〈115〉桜町、〈116〉桃園、〈117〉後桜町、〈118〉後桃園、〈119〉光格、〈120〉仁孝、〈121〉孝明、〈122〉明治。**〔滋賀〕**〈39〉弘文。**〔大阪〕**〈26〉継体。

一九一九年

**〔京都〕**〈119〉光格、〈120〉仁孝、〈121〉孝明、〈122〉明治。**〔奈良〕**〈1〉神武。

一九二〇年

**〔鹿児島〕**瓊瓊杵尊《ににぎのみこと》、彦火火出見尊《ひこほほでみのみこと》。**〔山口〕**〈81〉安徳。

## 百二十四代天皇を実感

このうち、後醍醐、後村上、後亀山の各天皇は、いずれも南朝の天皇であり、それぞれ単独の天皇陵があるが、皇太子が一九一八年に訪れた京都の深草北陵《ふかくさのきたのみささぎ》には持明院統(北朝)に属する十二人の天皇が一括してまつられており、その中には歴代天皇に勘定されない後光厳、後円融という二人の北朝の天皇も含まれている。また鹿児島の瓊瓊杵尊陵と彦火火出見尊陵は、神武以前の三代の陵のうちの二つに当たる。

もっとも、神武以前の三陵を含むすべての天皇陵が確定するのは、一八八九(明治二十二)年になってからであった。その意味では、「万世一系」を象徴する天皇陵もまた、宮中祭祀と同じく「創られた伝統」にほかならない。

皇太子が訪れた天皇陵から具体例をあげれば、大和国(奈良県)高市郡ミサンザイ(現・橿原《かしはら》市)に神武天皇陵が決定され、築造が始まったのは、一八六三(文久三)年のことであった。七四年には「神代三陵」が鹿児島県に治定され、七七年に弘文天皇陵が、七八年に綏靖天皇陵が、八〇年に桓武天皇陵が、八一年に天武・持統天皇合葬陵がそれぞれ治定された。八九年には、京都市松原村の茶畑の一画を見立てて、二条天皇陵が決定された(高木博志「陵墓」、『岩波 天皇・皇室辞典』岩波書店、二〇〇五年、所収)。

さらに、たとえ天皇陵が決定されたとしても、中には大阪の継体天皇陵のように、被葬者が間違っているとされるものもあった。今日では、天武・持統天皇合葬陵と天智天皇陵を除けば、古代の天皇陵で被葬者が一致するものはほとんどないという見方が有力になっている(同「近代の陵墓問題と継体天皇陵」、『佛教大学総合研究所紀要別冊　近代国家と民衆統合の研究――祭祀・儀礼・文化』佛教大学総合研究所、二〇〇四年、所収)。

だが、神武以来の歴代天皇をすべて実在したと見なす白鳥は、神武天皇陵について『日本書紀』の記述のままに「天皇崩じて後畝傍山《うねびやまの》東北陵《うしとらのすみのみささぎ》に葬り奉る」(『國史』巻一第三章　神武天皇)とし、あたかも陵がずっと存在していたかのように教えた。おそらく、他の天皇陵に触れる場合でも同様であったろう。

裕仁皇太子にとって、歴代天皇の陵や火葬塚を参拝することは、自らが「万世一系ノ天皇」の子孫であり、やがて百二十四代の天皇となることをひしひしと実感するための絶好の機会を意味した。こうした度重なる地方視察もまた、成年式以降に宮中祭祀に出席するようになる皇太子の態度に、少なからぬ影響を与えていたように思われる。

## 「参拝」と「信仰」

昭和天皇の四つ下の弟である高松宮(宣仁《のぶひと》親王)は、一九三六(昭和十一)年一月十七日の日記に、宮中祭祀に対する違和感を次のように記している。

成年になつて始めて宗教的な宮中の祭典に出るのであるが、ソレがまた神事を人事の如くに扱ふ式の参拝で、そこに矛盾を感じても、アセツても何んともならないのである。そして私は御所から離れて別居してゐたから、御奥での宗教的なる(ソコノミハ神事の神事として残姿があつた)行事にフレる機会がなかつた。そして傅育《ふいく》に当ツタ人々は少しのそうした注意も払つてゐたとは考へられぬ。而《しこう》して成年になると、常に急に賢所の御式にも出ることになる。唯物的学校教育ノ《ママ》みをうけた、精神的にはやはり科学的な修身と云ふよりも単なる形式的な道徳教育のみをうけたものにとつて、藪《やぶ》から棒の出来事である。

宮中の現に私達の参列する神事は極めて形式的ナ単なる一時的な敬礼の瞬間にすぎない。そして、皇族たるものが、神道に対する理解、むしろ信仰は動作行為の根底にならなくてはならぬことを顧みるとき、実に残念に思ふのである。(高2)

「神」に向かって祈る宮中祭祀には宗教性がある。高松宮は昭和天皇と同様、成年式を終えてから祭祀に出席するようになるが、それまで学習院や海軍兵学校で「唯物的学校教育」だけを受けてきて、いきなり祭祀に出てみても、最も根本にある「信仰」を身につけることはできないとしている。大変に重い指摘である。

高松宮に比べると、東宮御学問所で学んだ昭和天皇の場合は、杉浦重剛や白鳥庫吉らによって、成年式までに周到な教育を受けてきたように見える。前述のように、少なくとも彼らの教育を通して、裕仁皇太子が「三種の神器」の神聖さを認識し、「万世一系」の自覚を高めていったのは確かであろう。

だが、「形式」と「信仰」はあくまで別物である。たとえ皇太子が、宮中祭祀の重要性を認識した上で、成年式以降に祭祀に出席するようになったとしても、それだけではただ「極めて形式的ナ単なる一時的な敬礼」ができているにすぎない。その「動作行為の根底」には「信仰」がなくてはならない。心から神を信じ、祈ることができない限り、祭祀を真の意味で行ったとはいえないのである。

皇太子の「参拝」に、「信仰」は伴っていたであろうか。

しかし、宮中祭祀に出席し始めたばかりの皇太子に、やがて「信仰」どころか、「参拝」そのものを全く奪う機会が訪れる。

半年間にわたるヨーロッパ訪問である。

# 第二章　ヨーロッパ訪問と摂政就任

ロンドンのバッキンガム宮殿から市公会堂へ，市民の歓迎の中を英国皇太子と馬車で向かう裕仁皇太子(後部座席奥，1921年5月11日．提供：毎日新聞社)

## 明治天皇を理想として

東宮御学問所で杉浦重剛や白鳥庫吉が理想の天皇としていたのは、明治天皇であった。例えば杉浦は、倫理の講義録の中で、こう述べている（前掲『杉浦重剛全集』第四巻）。

> 次に挙動につきて注意を要す。坐作《ざさ》進退皆慎みて其の節を誤ることなく、些事にも軽挙妄動することなく、言語を少くして且《か》つ明晰ならしむべし。若《も》し能《よ》く此の如くならば、必ず威容を高雅ならしむべきなり。（第一学年下、第五　威重）
>
> 明治天皇の御事は申すも可畏《かしこ》けれども、生平《せいへい》謹厳にして喜怒を苟《いやしく》もし給はず。曾《かつ》て大演習の際、其の地にて群臣に拝謁を賜はりしに、一文官鞠躬如《きっきゅうじょ》として御前に進み、拝礼の後、背進して退席せしが、恐懼《きょうく》の余り度を失ひ縁側より逆さまに落ちたり。侍臣《じしん》等覚えず失笑せしも、天皇は泰然として御顔の色だに変へさせ給はざりき。（第二学年第三学期、第五　謹慎）

ここに見られるのは、寡黙で慎み深く、いかなることがあろうと表情を崩さない天皇である。たしかに明治天皇にはそうした面があったが、思ったことを何でも口に出してしまう大正天皇を反面教師としているようにも見える。

このような教育の影響からか、東宮御学問所時代の裕仁皇太子は、地方視察の途上で人々と対話したという記録が一つも残っていない。行く先々で市民に次々と声をかけ、地元紙があたかも皇太子の発言集のようになってしまった嘉仁皇太子とは全く対照的である。裕仁皇太子が主に対話したのは、同行した五人の学友だけであり、各地の天皇陵や神社ではただ決められた参拝の動作を無言で繰り返すだけであった。

一九二〇年に東宮武官長となった奈良武次は、「当時東宮殿下の御体格は兎《と》も角《かく》外観上御姿勢良好ならずとの評は免れざる所」であったと回想している(奈4)。昭和天皇が早くから猫背になったのは、明治天皇や大正天皇とは異なり、十代に姿勢を前かがみにする参拝の動作をあまりにも繰り返したからだと考えるのはうがち過ぎだろうか。

### 訪欧に込められた意図

裕仁皇太子の寡黙な性格は、大正天皇の体調が悪化するにつれ、皇太子を近い将来の天皇と見なす政府関係者の間で問題とされるようになる。再び一九一九年の成年式に立ち戻ることにしよう。奈良はこのときの皇太子の様子につき、次のように記している。

大正八年皇太子殿下御成年式を挙げさせられ其祝賀御宴に元老以下の大官を霞ケ関離宮に召されたる時、殿下は唯《ただ》拝謁を賜り御宴に着席遊されたるのみにて何にも御話し遊ばされず、何か御話し申上ても殆んど御応答なき状態なりし由（以下略）。（奈4）

元老の山縣有朋が、こうした皇太子の態度を「恰《あたか》も石地蔵の如き御態度」と非難したのは有名な話である。山縣の助言をもとに、奈良がまとめた「殿下御補導方針」の二番目には、「余り厳格なる御態度よりも御自由御快濶《ごかいかつ》なる態度を取らせられ御対話に慣熟遊ばすこと、之が為《た》め成るべく人に接せられ御雑話遊ばすこと、則ち拝謁を多く賜はること」（同）という一文がある。奈良によれば、「山県〔縣〕、西園寺〔公望〕両元老方面に於ては殿下の御教育御補導に大革新の必要論起り漸次当面の大問題となり先づ御教育を開放的にすると同時に殿下の海外御巡遊を企図したり」（同）という。

二一年三月からの半年間にわたるヨーロッパ訪問は、皇太子にとって、東宮御学問所の卒業旅行としての意味をもっていた。同時にそれは、「御教育を開放的にする」ことによって、皇太子の性格を矯正することが意図されていた。

訪問するのは、イギリス、フランス、オランダ、ベルギー、イタリアのヨーロッパ五カ国であったが、このうち最も滞在期間が長いのがイギリスであった。時あたかもヨーロッパでは、第一次世界大戦の終結と革命に伴い、長い歴史と伝統を誇っていた君主政治が次々に崩壊していた。皇太子のヨーロッパ訪問は、大衆社会との適合を図ることで、大戦後になお生き残ろうとするイギリスの君主政治のあり方を実地に学ぶ貴重な機会となるはずであった。つまりこの訪欧には、危機に瀕した近代天皇制を立て直すという、隠された、しかし最も重要な意図が込められていたのである。

当時、病気のため公務に出られなくなった大正天皇に代わり、貞明皇后の存在感は増しつつあった。皇后は、天皇の病気や、名代としての負担の増大などを理由に、皇太子の訪欧に反対した。だが最後には、「結局政事上必要とあれば、政治上の事は干渉せざる積《つもり》なり」（前掲『原敬日記』第九巻）として折れた。「皇后様はその年〔二一年〕の三月二十五日、皇太子の御旅立ちを送られるや直ちに神助を求められ、〔葉山御用邸から〕御西下の上、安芸の厳島神社に成らせられ心をこめて一路平安を祈念されたのであつた」（大日本蚕糸会編、早川卓郎編纂『貞明皇后』大日本蚕糸会、一九五一年）。

天皇が祭祀に出られず、皇太子も不在となった二一年三月からの半年間は、皇后が単独で宮中祭祀に出席するようになる。天皇が二〇年十二月から滞在していた葉山御用邸を発って東京に戻ったのは二一年四月十二日であったが、皇后は一足早く三月三十一日に戻り、四月三日の神武天皇祭と四月十一日の昭憲皇太后例祭に出席した（『読売新聞』一九二一年四月四日および四月十二日)。これは、天皇とともにずっと御用邸に滞在する従来のスタイルからの変更を意味していた。

皇后は、一人で厳島神社を参拝したときと同じように、皇太子の無事を祈ろうとしたのだろうか。それとも、一向に良くならない天皇の病気の回復を、遅まきながら祈ろうとしたのだろうか。いずれにせよ、皇太子の訪欧を機として、それまで「創られた伝統」と見なしていたはずの祭祀に、皇后が積極的に関わるようになったところに注目しておきたい。

### 活動写真の役割

二一年三月一日、宮中三殿の賢所で初の外国訪問を告げた皇太子は、その二日後、横浜港から軍艦香取に乗った。

このときすでに、帰国後に本格化する天皇／皇室像の転換の兆しが現れていた。東宮御学問所時代の地方視察でも皇太子の身体はさらされていたとはいえ、皇室を対象とする活動写真の撮影は認められていなかった。ところが三月三日には、大阪毎日新聞社と松竹キネマ合名会社による皇太子の撮影を、政府が初めて認めた。ここにはむしろ、皇太子の姿を人々に積極的に見せようとする新しい戦略が見られる。

皇太子のヨーロッパ滞在中も、大阪毎日新聞社と東京日日新聞社が活動写真を使って皇太子の動きを逐一伝え、六月からは植民地を含む全国各地で映写会が開かれた。映写会の人出は、総計で七百万人近くに達したという推計もある(田中純一郎『日本教育映画発達史』蝸牛社、一九七九年)。その一人、澁澤榮一は、「映写や海軍電報に依ると、其の御態度と謂《い》ひ、御談話の模様と謂ひ、実に立派なものであつて、寛闊《かんかつ》の中《うち》に充分の尊厳と壮重さが保たれて居る」(「皇室の尊厳」、『澁澤榮一全集』第三巻、平凡社、一九三〇年、所収)と述べている。活動写真という新しいメディアは、人々の関心を天皇から皇太子に向かわせるのに大きな役割を果たしたのである。

三月六日、皇太子一行は沖縄県の那覇と首里を訪問した。周知のように、沖縄県は戦後、昭和天皇が唯一訪問できなかった県であった。しかし皇太子時代には、わずか九時間の滞在ではあったが、訪欧の途上で一度訪れたこと、八七年に腸の手術のため沖縄県訪問ができなくなると、二一年の訪問の記憶を確かめようとしたのか、当時の新聞を取り寄せていることを付記しておく(ト3)。

### 「大規模な儀礼」への関心

三月三日に横浜を出港してから、五月九日にイギリスのポーツマスに入港するまでの二カ月あまりの間、裕仁皇太子は軍艦香取の艦内で、演説のリズム、抑揚、そして間の取り方を何度も練習した(波多野勝『裕仁皇太子ヨーロッパ外遊記』草思社、一九九八年)。その成果は、九日夜のロンドン・バッキンガム宮殿での公式晩餐会における皇太子の演説で早くもあらわれた。原敬は、晩餐会に出席したイギリス在勤大使館附海軍武官の小林躋造《せいぞう》からの手紙を、七月六日の日記にこう書き写している。

五月九日倫敦《ロンドン》御着当夜「バツキンガムパレス」で御宴がありましたが、百数十の皇族名士の間に雑《まじ》られ些《いささか》の臆気もなく御演説の如き、あの広い食堂を圧する程の高声で、私の隣に居《お》つた警視総監の如き、実に立派な者だ、二十そこらであんなしつかりした声が出るのは余程優れた人でなくては出来ない、貴国の為めに祝福すると言て盃を挙げた位でした。

（前掲『原敬日記』第九巻）

同席していた後の首相、吉田茂もまた、岳父の牧野伸顕にあてた手紙の中で、「御声ノ郎々《ママ》タルハ皆一般ニ感得、且ツ草稿モ持タレズ御演説アリシコトモ、御記臆ノヨキニハ余程驚嘆致シ居候」と述べている（『吉田茂書翰』中央公論社、一九九四年。一部省略）。「声を出す皇太子」の印象がいかに強烈であったかがわかろう。ここにはもはや、宮中三殿や天皇陵の前で、黙々と身を屈めていた東宮御学問所時代の面影はない。

五月十日の夕刻、バッキンガム宮殿に戻った皇太子のもとを、ジョージ五世が突然訪れ、約一時間にわたって皇太子と話し合った。このとき何を話したかについて、昭和天皇は結局語らないままであった。歴史学者のデイヴィッド・キャナダインは、当時のイギリスの君主制の特徴につき、次のように述べている。

〔ジョージ五世、ジョージ六世時代の〕君主は、とりわけ大規模な儀式に際して、一体感、安定感、そして共有意識の体現者のように映った。実際、大規模な王室儀礼、第一次世界大戦休戦記念日、広まりつつあるクリスマスの流行（後の二者は、王室一家は非常に極だってている）はいずれも一体感のある三大祝典であったが、そこでは、王室一家と、個々の家族、そして国家という家族すべてが融合していた。

（「儀礼のコンテクスト、パフォーマンス、そして意味」、E・ホブズボウム他編、前川啓治他訳『創られた伝統』紀伊國屋書店、一九九二年、所収）

裕仁皇太子は、ジョージ五世と会ったことで、「お濠の内側」で行われていた従来の宮中祭祀とは別に、「お濠の外側」で行われるべき「大規模な儀式」に対する関心を膨らませていったのではなかろうか。

後に見るように、皇太子の儀礼に対する関心は、儀礼が挙行される首都や都市計画に対する関心につながっていったように思われる。皇太子は、ロンドンと東京を、あるいはパリと東京を比較し、一国の首都がどうあるべきかについて、思いをめぐらせていったのではないか。ここから、京都に郷愁をもつ明治天皇とも、東京より日光や葉山の御用邸を愛した大正天皇とも異なる、昭和天皇独自の視点が芽生えてゆく。

## 「君民一体」の空間

ヨーロッパ五カ国への訪問を無事終えた皇太子は、再び海路を経て、二一年九月三日に横浜港に上陸した。訪問の成果は、帰国直後にさっそく発揮される。従来の地方視察とは全く異なる仕方で、皇太子が「お濠の外側」に積極的に姿を現すとともに、「声を出す皇太子」への転換が進んだのである。

九月八日、東京市長の後藤新平が発案した同市主催の「市民奉祝会」が開かれた。日比谷公園に集まった約三万四千人の市民を前に、皇太子は令旨《りょうじ》、つまり命令を伝える文書を読み上げた。「予が前日帰朝の際は、東京市民の熱誠なる歓迎の中に帝都に入り、欣喜《きんき》に堪へざりしが、今特に斯《こ》の場を設けて、盛大なる祝賀を受くるは、予の満足する所なり。／東京市は今方《まさ》に都市施設の改善を講究すと聞く。予は切に好成績を得て、市民の幸福と帝都の殷盛《いんせい》とを増進せむことを望む」（鶴見祐輔編『後藤新平』第四巻、後藤新平伯伝記編纂会、一九三八年）。

奉祝会に出席していた首相の原敬は、「後藤市長の奉りしに対する令詞は、御音声高く来集者涕《なみだ》を流したる者も多かりき」(前掲『原敬日記』第九巻)と記している。九月十三日には京都でも「市民奉祝会」が開かれたが、ここでも皇太子が約三万六千人の市民を前に、似たような令旨を朗読している。

皇太子と市民が一体となる「君民一体」の空間が東京や京都で現れたことによって、「国体」は見えるものになった(拙稿「『国体』の視覚化」、網野善彦他編『岩波講座　天皇と王権を考える』第一〇巻、岩波書店、二〇〇二年、所収)。東京市助役で、後に市長となる永田秀次郎《ひでじろう》は、次のように述べている。

九月三日以後の我皇室は我々のものである。決して貴族のものでもなく軍閥のものでもなく官僚のものでもなく直接に我々七千万同胞のものである。我親愛なる皇太子殿下は実に直接に我々のものである。殿下が外遊の前後に於《お》ける御態度と今回の御令旨とは真に我々国民をして斯《かく》の如くに感ぜしめなくては叶はぬ様に仕向けられたのである。斯の如くにして我国体の精華は我々民族の脳中に光風霽月《こうふうせいげつ》の如くに清朗なるものとなつた。

(『平易なる皇室論』敬文館、一九二二年。傍点原文)

前述のように、「九月三日以後の我皇室」が「我々のもの」になった背景には、皇太子が実地に学んだイギリスの君主制からの影響が見られたはずであった。にもかかわらずここには、外国から影響を受けたはずのものが、「我国体の精華」に結び付けられ、日本固有のもののように見えてしまう錯覚が生じている。

それは決して、永田のような政府側の人物に限らなかった。安田財閥の当主、安田善次郎を暗殺した朝日平吾《へいご》もまた、「東宮殿下ヲ奉迎スルノ日」である九月三日に書かれた遺書「死ノ叫声」において、「君民一体ノ聖慮ヲ冒瀆」する「現下ノ社会組織」の矛盾をはっきりと意識するとともに、「真正ノ日本人」として、「君民一体」を妨げる「君側《くんそく》ノ奸《かん》」の排除を主張していた(『現代史資料4 国家主義運動(一)』みすず書房、一九六三年)。

大正天皇の病気を契機とする上からの天皇像の転換に呼応する形で、新しい下からのナショナリズム、いわゆる超国家主義がここに発生するのである。

けれども、皇太子の「国体」に対する意識は、永田や朝日とは明確に異なっていた。東宮武官長としてヨーロッパ訪問に同行した奈良武次は、帰国後に皇太子が漏らした感想をこう書き留めている。

理性に富ませらるゝ殿下は皇室の祖先が真に神であり、現在の天皇が現人神《あらひとがみ》であるとは信ぜられざる如く、国体は国体として現状を維持すべきも、天皇が神として国民と全く遊離し居るは過ぎたること丶考へ居らる丶が如く、皇室は英国の皇室の程度にて、国家国民との関係は君臨すれども統治せずと云ふ程度を可とすとの御感想を洩らさる丶を拝したることあり(以下略)。（奈4）

皇太子は、帰国直後の「国家国民との関係」に対する自らの思いが、「英国の皇室」から影響を受けていることを明確に自覚していた。ただし、それはあくまで「お濠の外側」に属することであった。皇太子にとって「国体」とは、「お濠の内側」にあるものであり、「国体は国体として現状を維持すべき」ものなのである。杉浦重剛や白鳥庫吉から受けた教育の影響は、半年間にわたるヨーロッパ訪問を経ても、決して消えてはいなかった。帰国翌日に皇太子が賢所を訪れ、九月二十三日の秋季皇霊祭、十月十七日の神嘗祭、十一月二十三日の新嘗祭と、続けて宮中祭祀に出席したのはこのためである。

だが奈良も認めるように、たとえ祭祀に出席したとしても、ヨーロッパ訪問が「皇室の祖先が真に神であり、現在の天皇が現人神であるとは信ぜられざる」皇太子の「理性」を一層確かなものにしたのは間違いない。

## 女官制度の改革へ

一九二一年十一月二十五日、皇族会議と枢密顧問会議を経て、皇太子は摂政に就任した。皇室典範と摂政令の定める規定に従ったものである。

これにより皇太子は、政務や軍務については天皇と全く同じ権能を有することになり、事実上の天皇になった。宮中祭祀についても、皇室祭祀令の規定に準拠しつつ、大祭については掌典長や侍従ではなく、皇太子が自ら行い、御告文も読み上げるようになった。「お濠の内側」においても、「声を出す皇太子」が誕生したのである。

ちなみに、侍従武官の四竈孝輔《しかまこうすけ》は二二年二月十一日の紀元節に「午前九時十分賢所に参回す。摂政殿下の御親祭あり。皇霊殿のみ御拝」(『侍従武官日記』芙蓉書房、一九八〇年)と記し、奈良武次も同年三月二十一日の春季皇霊祭に「秋〔春〕季孝〔皇〕霊祭に付き午前九時三十分御出門、賢所〔皇霊殿〕御参拝、御告文あり」(奈1。一部補訂)と記している。

だが皇太子は、ただ天皇の代行を果たしていたわけではない。摂政になると、明らかに態度が変わった。宮中祭祀に出席しながら、同時に宮中の近代化を目指したからである。皇太子は、イギリスの君主制からの影響を受けながら「お濠の外側」を改革したばかりか、イギリスの君主制とは全く異なる「お濠の内側」までも改革しようとした。

その眼目は、女官制度の改革であった。二二年一月二十八日、皇太子は宮内大臣の牧野伸顕にこう述べている。

現在の通り、勤務者が奥に住込む事は全部之を廃止し日勤する事に改めたし、今の高等女官は奥にて育ち世間の事は一切之を知らず、実に宇《う》〔迂〕闊《かつ》なり、現に過日沼津と葉山が何《いず》れが東京より遠きかも弁《わきま》へざる話しを直接聞きたる事あり、今の生活状体〔態〕にては無理からぬ事なり、一生奉公は人間が愚鈍になるばかりなり（以下略）。（前掲『牧野伸顕日記』）

当時、皇太子は久邇宮良子《くにのみやながこ》（後の香淳《こうじゅん》皇后）との結婚を控えていた。皇太子は一九年に良子との婚約が内定していたが、その後、久邇宮家には色覚障害遺伝の要素が入っていることがわかり、元老の山縣有朋らが婚約に反対した。また皇后も、結婚した場合には外戚となる久邇宮家の態度に立腹し、婚約に難色を示した（浅見雅男『闘う皇族』角川選書、二〇〇五年）。いわゆる宮中某重大事件である。

この事件は結局、二一年二月に婚約内定に変更がないと発表することで収拾に向かうが、たとえ良子に色覚障害の遺伝子があろうと、また皇后が難色を示そうと、皇太子の愛情は揺るがなかった。皇太子が目指したのは、江戸時代の大奥の名残であり、一夫多妻制の温床となってきた後宮の改革であった。

## 牧野伸顕の危惧

すでに大正天皇の時点で、事実上の一夫一婦制は確立されていた。とはいえ、女官たちが奉仕する後宮自体は手つかずのままであった。後宮は原則として男子禁制で、約二百人の未婚女性が源氏名で呼ばれ、一生奉公として住み込んでいた。

女官には、天皇や皇后に仕え、皇后の代拝など、宮中祭祀の手伝いもする高等女官《にょかん》と、雑務を担う下級の女官《じょかん》の二種類があった(小田部雄次『ミカドと女官』恒文社、二〇〇一年)。皇太子は、高等女官については「奥に住込む事は全部之を廃止し日勤する事」、つまり全廃して通勤制に改めるよう主張した。その背景には、イギリスの君主制から影響を受けながら、日本の皇室も名実ともに一夫一婦制を確立させなければならないという皇太子の思いがあったと思われる。

皇太子は、「却々《なかなか》御熱心に力を込て」話した。これに対して牧野は、「一時に全然日勤制に改むる事は如何にや、即時に御請合致す事は困難なり、仮令《たと》へば御祭の如き、其他《そのた》歴史的種々御式事に付通勤にては御用弁上不便の点も可有之《これあるべし》」と答えた。「御祭」、つまり宮中祭祀には住み込みの高等女官がどうしても必要であり、「一時に全然日勤制に改むる」と祭祀に支障をきたすと言うのである。

実際には摂政になってからも、皇太子が祭祀を欠席することはなかった。二二年二月十七日には、大正天皇が一度も出なかった祈年祭にも初めて出席している(奈1)。しかし皇太子の発言は、宮中祭祀をおろそかにするイメージを与えるに十分なものであった。

牧野は皇太子に対して、女官制度の改革には皇后の許可を得る必要があることを述べるとともに、ひそかに次のような危惧を抱いた。

殿下は御外遊の影響も少からざるべく、周囲の空気も預かるならんか、時勢の傾向には御動かされ遊ばされ諸事進歩的に御在しまし、少しく極端に御奔《はし》り易き御意向伺はる。然るに皇后様は御女性としては実に御聡明に渉《わたら》せらるゝ事は乍恐《おそれながら》毎々直接拝する事なるが、総《すべ》て御考へは伝聞的に入らせらるゝを以て、御親子の間、将来御調和の持続せらるゝ事は実に必要事なれば今後十分御注意を申上ぐる事を怠らざる様心懸ける決心なり。

(前掲『牧野伸顕日記』)

皇太子の性格については、東宮職御用掛の西園寺八郎も、二二年九月五日にこう述べている。

皇太子殿下ノ御性質ハ、実ニ美ナル所アリ。然シ御年ガ若キ丈《だ》ケニ、直情径行ノ所アリ。此事ニ付テハ、(中略)皇后陛下ニ対シテモ大政摂行ニ関スルコトノ外ハ、成ルベク柔順ニシテ孝道ヲ御尽ク〔シ〕ナサル様ニ申上ゲ置キタリ。淳宮《あつのみや》殿下ハ、其辺ノコトニモ、余程如才ナク御振舞ナサルル様ニテ、例ヘバ、皇太子殿下ハ、皇后陛下ヨリ何カ欲スル物ナキヤトノ御尋ガアリテモ、何ニモ欲スルモノナシトノ御答ヲナサレ、淳宮殿下ハ、左程欲シクナキ物ニテモ、是ヲ頂キ度ト答ヘラルル様ノコトアル趣ナリ。

（国立国会図書館憲政資料室所蔵「倉富勇三郎日記」。原文は濁点および句読点なし）

ここには、帰国後に「諸事進歩的」となり、「直情径行」のところがある皇太子と、「御聡明」でありながら保守的な皇后との微妙な関係や、それとは対照的な「淳宮」、つまり秩父宮と皇后との良好な関係が、早くも示唆されている。

実際に皇后は、皇太子が力説したような女官制度の改革に反対し、高等女官が担当する「御祭りの事」は自分が引き受けてもよいとまで主張した（前掲『牧野伸顕日記』）。「少しく極端に御奔り易き」皇太子の態度は、皇后ばかりか女官からも理解を得られず、皇太子と女官の関係もうまくいっていなかったようである。当時、皇太子は日記をつけていたが、二四年には「宮中の女官に対する御批判が強すぎる」言い回しが目についたという（卜5）。

## 度重なる地方視察

皇太子は摂政になると、植民地を含む地方視察を本格的に再開した。そして昭和になるまでに、すべての道府県と台湾、樺太を訪れた(前掲『可視化された帝国』)。

各地では、二一年九月に東京や京都で現れたのと同じような、「君民一体」の空間が演出された。万単位の「臣民」が集まり、皇太子の前で君が代や奉迎歌を斉唱し、万歳を叫んだほか、二五年の山形県訪問からは、学生・生徒や青年団員、在郷軍人による親閲式が新たに導入された(木下道雄『新編　宮中見聞録』日本教文社、一九九八年)。これにより東京や京都ばかりか、各地で「国体」が視覚化されていった。

例えば、皇太子が福井を訪れた二四年十一月八日には、同行した牧野伸顕が次のように日記に記している。

旧城門外の広場に市民数万人を集め、殿下は便殿に出御遊ばさる。知事奉迎文を朗読、捧呈し、次いで奉迎者一同奉迎歌を合唱して後、知事、殿下の万歳高唱。万民之に和す。此間十分間内外なりしが実に壮観を極《き》はめ、秩序整然、忠誠の気分満々たり。何《いず》れの国にても如此《かくのごとき》真純なる恭虔《きょうけん》の赤心を以て主権者を迎ふる処あるべしとも思はれず。特種《ママ》の国体観、益々例証せられたるものと云ふ可し。

(前掲『牧野伸顕日記』)

先に永田秀次郎や朝日平吾が抱いたのと同じ錯覚に、牧野もまたいつの間にか陥るようになっていたのである。

奉迎会で声を出していたのは、もっぱら「臣民」であった。皇太子が声を出したのは東京、京都、大阪だけで、他の都市では無言のままであった。この点では、地方視察をしばしば行った皇太子時代の大正天皇とも、ジョージ五世とも異なっていた。

それは皇太子の個人的な意思というよりも、同行した牧野の次のような政治的判断によるところが大きかった。「此〔四国〕方面にては只々玉体を拝する丈けにて無上の光栄とす。一々御答礼の如きは勿論〔体〕ない。奉迎者間に最も多く聞く言葉は能くおがめたと云ふ事なり。此一言にて人心の一班〔斑〕を推知すべし」(同)。また植民地では、必ずしも日本語を解しない現地住民がいたことから、皇太子が日本語を発することは、かえって支配を弱めてしまう恐れもあった。

度重なる地方視察は、摂政になってからの皇太子の関心が、「お濠の内側」よりも「お濠の外側」に向かっていたことを示している。その意味では、牧野の危惧は当たっていた。皇太子は、病気やそれに伴う静養などの場合を除いて、相変わらず宮中祭祀を欠席することはなかったものの、宮中祭祀と地方視察のスケジュールがぶつかった場合、後者を優先させることがあった。例えば、松山に滞在していた二二年十一月二十三日には、新嘗祭に欠席した。また秋田に滞在していた二五年十月十七日には、神嘗祭に欠席した。

### 爆発した貞明皇后の怒り

二二年九月二十二日、牧野は皇后に面会し、新嘗祭――牧野の日記には「神嘗祭」とあるが、新嘗祭の誤り――については地方視察とぶつかるため、「御代祭《ごだいさい》を願ふ外致方《いたしかた》なき旨」を言上《ごんじょう》した。数ある宮中祭祀のうち最も重要な新嘗祭は、裕仁が摂政になるまで、大正天皇が休んだ場合、掌典長が代わりに行っていた。二二年十一月二十三日の新嘗祭は、裕仁が初めて自ら行わなければならない大事な機会となるはずであった。

皇后は「御肯諾《ごこうだく》」しながらも、牧野に向かって皇太子に対する怒りを爆発させた。

殿下には御正坐《せいざ》御出来ならざるに付《つき》御親祭は事実不可能なり、今後は是非御練習の上正坐に御堪へ相成様致度《あいなるよういたしたく》、昨年来殊《こと》に此種の御務め事に御怠慢の御様子あり、今後は何とか自発的に御心懸け相成る様致度し、夫《そ》れも御形式になく御心より御務めなさるゝ様御自覚被為度《なられたく》望み居る旨御仰せあり。　（同）

新嘗祭が「夕の儀」「暁の儀」からなり、夕方から未明までかかることはすでに述べた通りである。双方を合わせれば、皇太子は宮中三殿に接した神嘉殿で長時間正座し続けなければならなかったが、皇太子にはそれができないから、自ら祭祀を行うなど不可能だ——皇后はこう切り捨てたのである。

しかし、もし「昨年来殊に此種の御務め事に御怠慢の御様子」というのが、皇太子が宮中祭祀に出ていないということだとすれば、事実に反する。たしかに新嘗祭は休んだが、前述のように摂政になってからも、基本的に祭祀には出席していたからである。いや、皇后に言わせれば、そんなことは問題ではないのかもしれない。問題は「御形式」ではなく「御心」にある以上、皇太子がいくら祭祀に出ようと、「御心」が伴っていなければ、「自発的」に行ったことにはならない。この点で摂政になってからの皇太子の祭祀に対する態度は、やはり「怠慢」と言わざるを得ない——。

このような皇后の発言は、先に引いた『高松宮日記』における高松宮の文章を思い出させる。皇后に言わせれば、皇太子の「参拝」には、「形式」はあっても、肝心の「信仰」を伴ってはいないということになろう。

### 「信仰」の重要性

牧野は皇太子に「少しく極端に御奔り易き御意向」を見たが、彼の日記に描かれた皇后の姿にも激しいものがある。大正天皇に仕えた高等女官の坂東登女子《ばんどうとめこ》(源氏名は椿)は、貞明皇后について、「賢いお方さん」としながらも、「一時はちょっとご機嫌が悪うてちょっとあのヒステリーみたいにおなり遊ばしたことあるんですよ」と回想している(山口幸洋『椿の局《つぼね》の記』近代文芸社、二〇〇〇年)。

その背景には、おそらく大正天皇の病気があろう。貞明皇后は、大正天皇が脳病に冒されたのは、天皇と一緒に御用邸に滞在し、祭祀をおろそかにしたことに対して、神罰が当たったからだと考えるようになったのではなかろうか。皇后が裕仁皇太子に「信仰」の重要性を説こうとしたのは、大正天皇と同じ過ちを繰り返させまいとする母親の愛情に根差していたからだとも言えなくはない。

皇后は二二年三月、大正天皇の平癒祈願のため、香椎宮《かしいぐう》、筥崎宮《はこざきぐう》、太宰府神社(現・太宰府天満宮)、厳島神社などを参拝したが、皇后の九州訪問は神功《じんぐう》皇后以来の画期的出来事とされた。とりわけ、神功皇后をまつる香椎宮を春季皇霊祭に当たる三月二十一日に参拝したことは、貞明皇后に深い印象を与えたようである。「香椎宮を拝《お》ろがみて」という題が付された皇后の和歌、「大みたま吾が身に下り宿りまし尽すまことをおしひろめませ」には、神功皇后との神秘的な一体化を願う皇后の心境が反映している(筧克彦『大正の皇后宮御歌謹釋』筧克彦博士著作刊行会、一九六一年)。

神功皇后は、『日本書紀』では「気長足姫尊《おきながたらしひめのみこと》」と記され、卑弥呼に当たるとされているが、もちろん伝説上の人物である。同書では、神功皇后の夫である仲哀《ちゅうあい》天皇は、「神の言《みこと》を用ゐたまはずして早く崩《かむあが》りましぬる」とされた。未亡人となった神功皇后は、「天皇《すめらみこと》の神の教《みこと》に従はずして早く崩りたまひしことを傷みたまひ」、「罪を解《はら》へ過《あやまち》を改め」ようとした（『日本書紀』二、岩波文庫、一九九四年）。

貞明皇后の和歌には、神功皇后をフィクションと見なす視点はない。それどころか、自らを神功皇后に重ね合わせる貞明皇后の脳裏には、「神の教」に従わなかったがために急死した仲哀天皇と、祭祀をおろそかにしたがために脳病に冒された（と信じた）大正天皇とが、二重写しになっていたのではなかろうか。

### スポーツに熱中

祭祀のほかにも、皇后は皇太子に対して苦言をやめなかった。

> 此節は御運動に非常に御熱心なり、余り御過ぎになりてはいかゞと思ふ、却《かえっ》て少し静思御修養の方に御心を御用ひ被相成度《あいなられた》し、只今の処《ところ》運動専心にて其の為め御弱点の神経性に御障りなきを案じ居れり（以下略）。
>
> （前掲『牧野伸顕日記』）

皇后の言う「運動」とは主に、皇太子がヨーロッパから帰った直後に始めたゴルフを指していると思われる。歴史学者の伊藤之雄《ゆきお》が指摘するように、二一年から二二年にかけて、ゴルフをする皇太子の姿は新聞に写真入りでしばしば報道されていた(『昭和天皇と立憲君主制の崩壊』名古屋大学出版会、二〇〇五年)。

皇太子のスポーツに対する関心は、ゴルフにとどまらなかった。二二年に和歌山を訪れた際には、当時、二年続けて全国中等学校野球大会で優勝した和歌山中学校で、OBと現役選手による野球試合を初めて見学している。『野球界』一九二四年二月号では、乗馬、テニス、ビリヤード、ゴルフ、水泳に熱心な「スポーツマンとしての摂政宮殿下」の姿が描かれている。歴史学者の坂上《さかうえ》康博によれば、そこには君主制の世界史的危機の中で、例外的に存続を保ったイギリス王室を模倣しようとする皇太子の強い意志が働いていた(『権力装置としてのスポーツ』講談社選書メチエ、一九九八年)。

しかし皇后は、「お濠の外側」にばかり関心を向ける皇太子の姿勢に危惧の念を抱いた。「少し静思御修養」が何を指すかははっきりしないが、「お濠の内側」における祭祀が含まれているのは想像に難くない。もともと落ち着きのない性格なのに、あまり運動ばかりしていると、その傾向に拍車がかかってしまう。これでは、じっとしていなければならない祭祀を行うのはますます難しくなるではないか――。

## 結婚の条件

前述のように皇后は、もともと皇太子と久邇宮良子《ながこ》との婚約内定に賛成ではなかったが、二三年十一月下旬に予定されていた二人の結婚にも条件をつけた。同年四月一日の牧野の日記には、次のような記述がある。

皇后様拝謁。殿下御婚期を凡《およ》そ十一月下旬に御決定、其旨公表の事を伺ふ。御異存不被為在《あらせられず》。但し新嘗祭を御親祭の後式事御挙行の事。（前掲『牧野伸顕日記』）

皇太子の結婚は、十一月二十三日の新嘗祭を済ませてからでないとダメだ。摂政になったのに、まだ一度も新嘗祭を行ったことがなかった皇太子に対して、皇后はこの最も重要な宮中祭祀ができなければ、結婚を認めないというのである。

皇太子は必死になった。二三年九月一日に関東大震災が起こると、皇太子は結婚の延期を自ら言い出し、結婚の儀自体は翌年一月に変更された。また毎年十一月に行われてきた陸軍特別大演習と、それに伴う地方視察も中止が決まったため、二二年のように、地方視察と新嘗祭が重なる可能性もなくなった。

十一月に入り、皇太子が予め練習を重ねていた様子は、十一月十日に牧野が、「入江〔為守〕侍従長官房へ入来。新嘗祭の御予修に関する件に付内報あり。最近被為行《おこなわせられ》たる節は万事御都合好く済せられたる由にて大《おおい》に安心せり。来《きたる》二十日今一回御予修の筈なり」(同)と記していたことからもうかがえる。

皇太子は二十三日、初めて神嘉殿で新嘗祭を行った。「暁の儀」に臨んでいたころ、皇后は皇太子の身を案じてか、次の和歌を詠んだ。「ねやの戸のひまもる風のつめたさにあかつきおきのたへがたきころ」(主婦の友社編『貞明皇后御歌集』主婦の友社、一九八八年)。

この和歌には、「十一月二十三日の御夜深しに数よみしける歌の中に冬暁」という題が付いている。練習の成果が出たというべきか、あるいは皇后の思いが通じたのか、皇太子は新嘗祭を無事終えることができた。二九年の新嘗祭に初めて出席した宮内省式部次長の岡部長景《ながかげ》は、「暁の儀」について、「二時間の静座《ママ》は足痛を感ずること甚しく、しびれやら眠気等は起らなかった」(尚友倶楽部編『岡部長景日記』柏書房、一九九三年)と記したが、このときの皇太子も同様だったかもしれない。東宮武官長の奈良武次は、こう回想している。「十一月二十三日殿下の御大役たる新嘗祭予め御習礼の上始《はじめ》て御親祭遊ばさる、此親祭は代理を以てする能《あた》はざること故、天皇陛下御差閊《おさしつかえ》の場合は御取止めとなるなり」(奈4)。

こうして二四年一月二十六日、皇太子はようやく久邇宮良子と結婚した。この日、皇太子は良子とともに宮中三殿・賢所の内陣に入った。皇太子は右に、良子は左に着座し、皇太子は拝礼してから、御告文を三分間にわたって朗読した。

ただ何度も言うように、「形式」と「信仰」は異なる。貞明皇后は、皇太子が足の痛みに耐え、「形式」にのっとって新嘗祭を行えるようになったとしても、まだ「信仰」の域にまでは達していないと見ていたように思われる。大正天皇の病状悪化に追い打ちをかけるように、二三年九月の関東大震災に続いて、十二月二十七日には皇太子が狙撃される虎ノ門事件が起こったことは、皇后の危機感をいやが上にも募らせたに違いない。

## 皇后、「神ながらの道」へ

二四年になると、貞明皇后はある意志を明確にした。東京帝大教授で、法学者の筧克彦が信奉する「神《かむ》ながらの道」を追求しようと誓ったのである。皇后は二月二十六日から五月六日まで、沼津御用邸で筧の進講を八回にわたって受けることになる。

この年の歌御会始《うたごかいはじめ》(後の歌会始)で、皇后は次のような歌を詠んだ。

あら玉の年のはじめにちかふかな神ながらなる道をふまむと

（前掲『貞明皇后御歌集』）

この歌には、皇后が自ら解説を付けている。「神ながらの道」とは、「神の存在をみとめ信仰を主旨として自己を大生命に帰一せしめ、世のあらゆる事実普《あまね》き道理を包容し、真善美愛をして全《まった》からしめ、如何なる場合如何なる事にも有難く懐かしみ思ふ心 即《すなわち》清明心《あかきこころ》晴々したる心の意気込を以て世に処する所の道」（前掲『大正の皇后宮御歌謹釋』）を意味する。皇后自身が二四年以降、「信仰を主旨」とする道に入ることを鮮明にしたのである。

皇后の言う「清明心」については、筧は次のように説明している（原文では「清明」を除くすべての文字の横に。が付いているが、ここでは省略した）。

日本民族は男が貴いとか、女が貴いとかと、男女間の隔《へだて》をつけることを好みませぬ、『清明心』、有り難く懐かしみ思ふ心にどこまでも力を入れて居りますから、最高の　天照大御神《あまてらすおおみかみ》様も女神《ひめがみ》様におはしまし、高天原《たかまのはら》にては、男神《ひこがみ》様も女神様も平等に其の御分担により御行動遊ばすのみならず、建速須佐之男《たけはやすさのお》神様は、我心清明《あか》きに因《よ》つて弱女《たわやめ》を得たとお喜びになつたのでございます。

（『神ながらの道』内務省神社局、一九二六年）

こうした筧の説明は、皇后に勇気を与えたように思われる。皇室典範にも規定されているように、自分は女性である限り、天皇に成り代わることはできない。けれども、「最高の　天照大御神様も女神様」であるのだ。皇后には、はばかることもなくアマテラスに言及する和歌を詠んだ明治天皇ほどの大胆さはなかったものの、「清明心」を磨いてゆけば、自分の心に「神」を迎えることはできると考えたのではないか。

そのとき、貞明皇后のモデルとなったのは、やはり神功皇后であった。

筧によれば、神功皇后が「社会秩序の基礎を正信に求め給ひ、天照大御神を始め奉り其の和《にき》魂《みたま》を第一とし」たように、貞明皇后もまた「天照大御神の和魂を根本と仰ぎ給ひ、和魂の温き優しき御心情を以て有らゆる物事を大切に遊ばされ」たという(前掲『大正の皇后宮御歌謹釋』)。

歴史学者の片野真佐子は、貞明皇后は「神ながらの道」に入ることによって、天皇に代わって関わってきた政治家たちの「ことあげ」の世界から解放されたとする(『皇后の近代』講談社選書メチエ、二〇〇三年)。それもあろうが、皇后は何よりもまず、大正天皇とともに祭祀を軽んじ、「神」をないがしろにしてきたことに伴う自らの苦悩から解放されたかったのではなかろうか。「大神のみたまのうちにありといへばくるしき事も慰まれけり」という皇后の和歌には、こうした気持ちがよく現れているといえる(前掲『大正の皇后宮御歌謹釋』)。それによって、「信仰」の域に達していない皇太子に対する批判は、より確かなものとなってゆく。

## 都市計画への関心

二三年九月の関東大震災は、皇后にとっては「神ながらの道」に入るきっかけの一つになったかもしれないが、皇太子にとってはヨーロッパ訪問以来温めてきた首都や都市計画に対する関心をいっそう深める機会となった。帰国後に強まった「お濠の外側」に対する皇太子の関心は、皇后との確執をはらみながらも、一向に衰える気配がなかった。

政治学者の御厨貴が指摘するように、当時の皇太子は、復興院総裁となった後藤新平の震災復興計画に少なからぬ関心を抱いており、後に一九八三年の記者会見では、「この復興に当って後藤新平が非常に膨大な復興計画をたてたが、いろいろの事情でそれが実行されなかったことは非常に残念に思っています」と語っている。また青年時代に最も影響を受けた本の一つとして、後藤の理論的ブレーンであったアメリカの政治学者、チャールズ・ビアードの『東京市政論』を挙げている(『東京』読売新聞社、一九九六年)。

後藤の復興計画は大幅な縮小を余儀なくされたとはいえ、震災の前と後では、東京の政治空間に大きな変化が生じた。具体的にいえば、「君民一体」の空間として、宮城前広場が浮上してくるのである。

詳しくは拙著『皇居前広場』(光文社新書、二〇〇三年。増補版はちくま学芸文庫、二〇〇七年)に譲るが、震災前の宮城前広場は、「無用の長物」と呼ばれていた。だが震災に際して、皇太子がこの広場を開放することを言明したところ、上野公園に次いで多い三十万人の罹災者が集まってきた。震災は図らずも、広場の収容力を証明することになった。

しかし他方、天皇が住む宮城の前で、家を失った人々がテントで生活しているのはおそれ多いという感覚も広がった。二四年になると宮城前広場は、罹災者が排除された反動で、「聖なる空間」となる。同年六月には、一月に結婚した皇太子夫妻を祝う成婚奉祝会が、この広場で開かれた。御厨貴は、「東京は、震災復興の過程で、昭和天皇の文字通り帝都と化していく」(前掲『東京』)と述べたが、それは宮城前広場が、裕仁皇太子、そして昭和天皇を主体とする最大の政治空間になることを意味した。

もっとも、皇太子の都市計画に対する関心は、東京だけに向けられたわけではなかった。二五年四月に周辺町村を合併して大大阪市が誕生すると、大阪は面積、人口ともに東京を上回る日本一の大都市となるとともに、關一《せきはじめ》市長のもとで、都市計画が着々と実行に移されていった。皇太子は地方視察の一環として、大大阪市誕生の翌月にこの都市を訪問し、天王寺公園で令旨を読み上げた。「大阪市ハ久シク本邦商工ノ中心タルノミナラス、今又大都市実現ノ端緒ヲ開クヲ見ル。予ハ其ノ企図ノ大成シ、以テ市ノ繁栄ト市民ノ福祉トヲ増進センコトヲ望ム」(『大阪毎日新聞』一九二五年五月十九日夕刊。原文は句読点なし)。

前述のように、皇太子が人々の前で肉声を発した都市は、東京、京都と大阪だけであった。拙著『「民都」大阪対「帝都」東京』(講談社選書メチエ、一九九八年)で触れたように、皇太子の大阪に対する関心もまた並々ならぬものがあった。その関心はやがて、東京ばかりか、大阪の街並みをも変えてゆくことになる。

## 顕微鏡で生物を観察

スポーツ、都市計画に次いで、摂政時代の皇太子が強い関心をもつようになるのが生物学研究である。

皇太子にその基礎を与えたのは、東宮御学問所で博物と物理を担当し、菌類の研究を専門とする服部廣太郎《こうたろう》であった。皇太子は一八年、沼津御用邸付近の海岸で新種のエビを発見し、シヨウジョウエビと命名したが、本格的な研究を始めたのは、二三年から皇太子が住んでいた赤坂離宮(現・迎賓館)のある御苑内に二五年九月、生物学御研究所が設立され、服部が御用掛《ごようがかり》になってからであった(『天皇陛下の生物学ご研究』科学博物館後援会、一九八八年)。

服部の指導のもと、皇太子がとりわけ興味をもったのは、海産生物の一種であるヒドロ虫類や変形菌(粘菌)の分類学的研究であった。二六年七月には、変形菌採集の拠点ともなる那須御用邸が竣工した。また同年十一月には、南方熊楠の弟子に当たる小畔《こあぜ》四郎を通じて、熊楠が選

裕仁皇太子が生物学御研究所で顕微鏡の前に座る姿と，同研究所の前に立つ姿——2枚の写真を掲載した『東京日日新聞』1926年1月1日付・2面（提供：毎日新聞社）

定した変形菌標本九十点の献上を受けている（長谷川興蔵、小笠原謙三編『竹馬の友へ　南方熊楠　小笠原誉至夫宛書簡』八坂書房、一九九三年）。

ヒドロ虫類に属するクラゲは、通常のクラゲとは異なり、成長しても傘径が一センチにも満たないようなものが多かった。変形菌がさらに小さいのは言うまでもない。ひたすら研究所に籠もり、顕微鏡でこうした生物をじっと観察し、分類する作業は、もともと宮中祭祀とは何の関係もなかったが、皇后の言う「静思御修養」にはぴったり当てはまった。

二六年元日の各新聞は、皇太子が生物学御研究所内の顕微鏡の前にカメラ目線で座っている姿や、研究所の前で立っている姿を撮った写真を掲載した。歴史学者の右田《みぎた》裕規《ひろき》によれば、この写真は宮内省から新聞社に貸し出されたものであり、生物学者としての皇太子をアピールするのに役立った(「天皇制と進化論」、『歴史学研究』七九二号、二〇〇四年、所収)。こうしたイメージは天皇になってからも続いていたようで、例えば北一輝は昭和天皇を「クラゲの研究者」と呼んだという(宮本盛太郎編『北一輝の人間像』有斐閣選書、一九七六年)。それとともに、スポーツに励む皇族のイメージは、一歳年下の弟である秩父宮が担うようになってゆく。

実際の皇太子は、ヨーロッパから帰国して後、ずっと新宿御苑でゴルフの練習を続けており、天皇になってからも吹上御苑にゴルフの練習場を設けている。昭和天皇がゴルフをやめるのは、日中戦争が勃発してからであった。けれども、帰国直後にはあれほど旺盛だったスポーツに対する関心は、しだいに後退してゆく。それに代わる生物学研究は、やがて宮中祭祀に対する昭和天皇の見方を大きく変えてゆくのである。

# 第三章　天皇としての出発

黄櫨染御袍を着用し，即位礼に臨む昭和天皇(京都御所，1928 年 11 月 10 日．提供：毎日新聞社)

## 大正天皇死去後の皇太后

一九二六年十二月二十五日、葉山御用邸附属邸で大正天皇が死去した。葉山では直ちに剣璽《けんじ》を新天皇に渡す「剣璽渡御《とぎょ》の儀」が行われ、裕仁皇太子が践祚《せんそ》した。それと同時に、貞明皇后は皇太后となった。

元号は昭和に改められた。

裕仁は天皇になるや、二四年の結婚に際してすでに骨子が定まっていた女官制度の改革を実行に移した。皇太子時代から引き続き住んでいた赤坂離宮では皇后宮職がおかれたが、ここに所属するのは女官長、女官、女嬬《にょじゅ》の三ランクのみで、定員は女官六人、女嬬七人にすぎなかった(前掲『ミカドと女官』)。女官は既婚の女性とし、源氏名を廃止するとともに、通勤制も導入した。側室制度は名実ともに廃止されたのである。

一方、皇太后が二七年から住み始めた青山東御所には、皇后宮職とは別に皇太后宮職がおかれた。ここでは、従来と同じ典侍《てんじ》、権典侍、掌侍《しょうじ》、権掌侍、命婦《みょうぶ》、権命婦、女嬬、権女嬬といった女官の階級が厳格に保たれ、定員も合わせて六十九人と、皇后宮職よりはるかに多かった。

なお皇太后は三〇年に青山東御所から現在の東宮御所がある場所(赤坂御用地)に建てられた大《おお》

宮《みや》御所に移り、「大宮様」と呼ばれるようになる。

皇后宮職と皇太后宮職の間に生じた著しいアンバランスは、あたかも天皇と皇太后の微妙な関係を象徴するかのようであった。

皇太后になってからの貞明皇后の生活について、秩父宮は皇太后が死去した直後の一九五一年七月、次のように回想している。

> 近年の日常御生活の主体は、大正天皇の御影《みえい》(大和絵の御肖像)にお仕えになることの一事であった。午前中の大部分は、御影を祭った室にすごされるので、特別の場合の外はこの時間には絶対に人にはお会いにならないのである。また夕方にも、その一時を御影の前にすごされるのであった。「生ける人に仕えるように――」という表現がよく使われるが、母上の場合、この言葉には少しの誇張も感ぜられないのであった。
>
> (秩父宮雍仁《やすひと》親王『皇族に生まれて』渡辺出版、二〇〇五年)

皇太后は、五一年五月に死去するまで、「専ら大正天皇の御神霊に奉仕」する生活を続けたのである(前掲『大正の皇后宮御歌謹釋』)。

大正天皇が死去してから一年間は服喪期間に当たるため、この間に行われる宮中祭祀に天皇や皇族が出席することはできなかった。昭和天皇として祭祀に出たのは、二七年十二月二十七日に行われた「大正天皇霊代奉遷ノ儀」が初めてである。しかし皇太后だけは、喪が明けてからも、ずっと喪服で通した。

昭和天皇は二八年から、宮中祭祀への出席の仕方を改め、毎月一日だけでなく、十一日、二十一日の旬祭にも出席するようになった。元掌典の星野輝興はこう回想している。「先づ私共が実に有難いと思はせられましたのは、御代《みよ》が改まりますと間もなく陛下には、一日の旬祭の外に、十一日二十一日の旬祭にも御拝《ぎょはい》のことを仰せ出されまして、年中二四回の御親拝がおふえになつたことであります」(前掲『日本の祭祀』)。

こうした姿勢は、天皇の「神」に対する祈りが真剣になったことを示すように見えた。侍従次長の河井弥八は、旬祭が行われた二八年十月二十一日と同年十二月一日に、それぞれ日記に「斯かる御敬神の御事真に畏《かしこ》し」、「陛下御敬神の御志熾《さかん》なる、真に天下の至慶なり」と記している(河2)。

### 変形菌の新種・新変種発見

しかし他方、宮中祭祀よりも、御用邸で皇后とともに滞在する方を優先させる大正天皇のライフスタイルを、昭和天皇もまた継承しようとした。

二八年三月二十日から四月九日までは、葉山御用邸に皇后と滞在していたため、三月二十一日の春季皇霊祭・春季神殿祭や四月三日の神武天皇祭には欠席した。また同年七月二十七日から九月一日までは、那須御用邸に皇后と滞在していたため、七月三十日の明治天皇例祭にも欠席した。このうち、春季皇霊祭・春季神殿祭と神武天皇祭は大祭であり、大正天皇ですら葉山に滞在中、大祭である紀元節祭には単独で東京に戻って出席したのを踏まえれば、昭和天皇の方が祭祀を軽視しているようにも見えた。

その背景には、前章で触れたような天皇の生物学に対する並々ならぬ関心があった。裕仁は天皇になるや、二七年六月に赤坂離宮内に水田を設けてイネを試作したが、二八年九月に赤坂離宮から宮城に移転するとともに、生物学御研究所と水田も宮城内に移した。また御用邸における天皇は、乗馬や水泳、ゴルフなどの運動のかたわら、葉山では主に相模湾に出て海産生物を、また那須では変形菌類を、それぞれ採集した。天皇は海産生物の中でも、とりわけヒドロ虫類に関心をもっていたのは前述した通りだが、二九年からはヒドロ虫類の採集も本格的に始めるようになった（前掲『天皇陛下の生物学ご研究』）。

この時点ではまだ、昭和天皇にとって、生物学研究と祭祀は相反するものであった。天皇は、御用邸に滞在しながら生物学の研究に没頭するあまり、その間に東京に戻って祭祀に出席することはなかったのである。

葉山に滞在中だった二八年七月二十四日、天皇は皇后とともに、逗子郊外の神武寺《じんむじ》を訪れた。このときの模様を、河井弥八はこう記している。

聖上、皇后両陛下、神武寺へ行幸啓遊ばされしに付、陪乗仕《つかまつ》る。十時御出門、山門迄自動車を進められ、それより御徒歩、十時四十分過《すぎ》御着。御休憩をも仰出《おおせいだ》されず直《ただち》に聖上陛下には御採収に向《むか》はせられ、皇后陛下には十河《じゅっ》〔洲《しゅう》〕望台へ成らせらる。正午より一時迄御昼食、御休憩。聖上陛下には再び御採収、皇后陛下には御休息遊ばされ、三時御発、三時半頃御帰還あらせらる。（河2）

天皇は、海産生物の採集を主な目的として滞在していた葉山御用邸の近くに、変形菌類の宝庫となっている神武寺があるのを見逃さなかった。この日に天皇は、変形菌の新種と新変種を発見したが、それらは天皇にちなんで、それぞれデイデルマ・イムペリアリス、クラストデルマ・ドバリアヌム・バリエチイ・イムペラトリアと命名された（『東京朝日新聞』一九二九年三月二十九日）。これを皮切りに、天皇は戦中期にかけて、ヒドロ虫類や変形菌の新種を次々に発見することになる。

だが、生物学研究にのめり込む天皇を、周囲は必ずしも好意的に見ていたわけではなかった。

枢密院議長の倉富勇三郎は、二八年十月二十日の日記に、「天皇陛下ニハ叡明《えいめい》ニアラセラレ、殊ニ生物学ニ付テハ専門的ノ御研究モアリ。臣下ニ対シ御下問アルトキ奉答出来ザルコトモアリトテ、陛下ノ叡明ヲ称シ奉ル様ノコトナルガ、是ハ陛下ヲ称シ奉ル積リニテ、却テ陛下ヲ小ニスル様ノ嫌アル様ニ思フ」（前掲「倉富勇三郎日記」）と記している。

同日の日記には、「只今ノ処ハ〔天皇陛下ノ御研究ハ〕魚ノ動物ノ形ニ付テノ御研究丈《だけ》ニテ、未ダ哲学的ノ理論マデニハ御進ミ遊サレ居ラズ」（同）という元老・西園寺公望の言葉も記録されている。「天皇陛下ノ生物学ヲ研究遊バサルコトニ付テハ相当考慮ノ末決シタルモノナリ」（同）とする西園寺は、天皇が「哲学的ノ理論」を習得し、それが祭祀に対する姿勢にまで影響を与えることを期待したのだろうか。

## 「必ズ神罰アルベシ」

しかしおそらく、大祭にも出ずに御用邸に滞在する天皇を、最も厳しく見ていたのは皇太后だったろう。同じ大祭である二八年十月十七日の神嘗祭には、天皇のほかに皇太后も出席している。「大宮様御 諒《りょうあん》闇明け後始めて御親拝あり」（前掲『牧野伸顕日記』）。倉富が西園寺の談話として、皇太后の言葉を書き記したのは、その三日後であった。

皇太后陛下敬神ノ念熱烈ニテ、天皇陛下ノ御体〔態〕度ニ御満足アラセラレズ。天皇陛下ハ、明治天皇大正天皇ノ御時代トハ異ナリ、賢所ノ御祭典等ハ大概御親祭ニテ、自分(西園寺)等ノ様ナルコトハナキモ、皇太后陛下ハ右ノ如キ形式的ノ敬神ニテハ不可ナリ、真実神ヲ敬セザレバ必ズ神罰アルベシト云ハレ居リ。此考ハ到底之ヲ教育(教育ト云ヒテハ語弊アルコト云フ)スルコトハ不可能ナリ。此コトガ度々加フレバ、其ノ為御母子間ノ御親和ニ影響スルヤモ計リ難ク、夫レ等ノ点ニ付テハ十分ニ注意スベキコト、思フト云フ。

(前掲「倉富勇三郎日記」)

たしかに明治天皇や大正天皇のときと比べれば、昭和天皇が出席する旬祭の数が増えた分、親祭の回数は増えたように見えるが、天皇が出席していない大祭もあることを西園寺は見落としている。だが、ここで重要なのはそんなことではない。皇太后は前章で見たような「形式」だけにとどまる天皇の祭祀に対する態度を批判し、「真実神ヲ敬セザレバ必ズ神罰アルベシ」と話しているのである。

中世の説話や伝承には、「人知を超えた巨大な超越者」によって「神罰」を受ける天皇という観念があった(佐藤弘夫『神国日本』ちくま新書、二〇〇六年)。また明治初期に異端として排除された復古神道のなかにも、オオクニヌシによる「神罰」を受ける天皇という観念があった。

復古神道を大成した平田篤胤《あつたね》の門人、六人部是香《むとべよしか》は、『顕幽順考論』のなかで、「神罰」を受けて「凶徒界」に落ちた天皇の一人として、仲哀天皇をあげている〈拙著『〈出雲〉という思想』講談社学術文庫、二〇〇一年〉。

これに対して、前掲『神ながらの道』では、「天子様と申し上ぐれば、先づ以つて、根本に於ては皆　天照大御神様の『御いのち』御位種子之神様《みくらだなのかみ》、弥栄《やさか》の万世一系の御霊の御本系として　大御神様の御表現であらせられます。即ち『神皇《じんこう》』であらせられます」とあるように、天皇は「神皇」とされ、アマテラスと融合しているように見える。

しかし前述のように、寛は『神ながらの道』で、「最高の　天照大御神様も女神様」であることを強調している。たとえ皇太后であっても、「清明心」を磨いて「参上り《まいのぼ》」ができれば、アマテラスの霊を迎えることができるのである。皇太后の言う「神罰」とは、天皇と血統的に連続するアマテラスではなく、「参上り」が必要な超越的人格神としてのアマテラスによる「神罰」を指しているのではないか。

さらには、キリスト教からの影響も考えられる。片野真佐子は、「皇后時代から、節子《さだこ》〈皇太后〉は、寛の進講を機にキリスト教徒とごく気軽に接触するようになった」〈前掲『皇后の近代』〉と述べている。その中心となったのが、二一年から三三年まで宮内次官を務めた関屋貞三郎とその妻、衣子《きぬこ》であった。関屋夫妻にとって、皇室神道とキリスト教は矛盾なく両立するものだったのである。

## 明治天皇の再来

一九二八年という年は、十一月に京都で行われる大礼《たいれい》(即位礼および大嘗祭)を控えていた。大嘗祭は、天皇になって最初に行う新嘗祭に相当した。皇太后の言葉は、この大嘗祭を意識していた可能性もある。

大礼に先立って、天皇自身のカリスマ化が図られた。それは践祚して間もない昭和天皇を、明治天皇の再来と見なすキャンペーンを通して進められた。

元号が昭和に変わった翌年の二七年には明治節が制定され、大礼直前の十一月三日は初めての明治節となった。また二七年十月には、大日本雄弁会講談社の大衆雑誌『キング』十一月号が、「明治大帝」の箱入り別冊を付けて、百四十万部も発行された(佐藤卓己『『キング』の時代』岩波書店、二〇〇二年)。「明治大帝」は、『キング』の記者が関係者に取材し、偉大なる明治天皇像を描くようにまとめたもので、践祚して間もない昭和天皇のイメージ形成にも少なからぬ影響を与えたように思われる。

そのせいか、二七年から二八年にかけては、天皇への直訴が相次いだ。直訴は一七年に制定された請願令で文書をもってすべきとされたにもかかわらず、この時期は沿道や練兵場での直訴が毎月のように確認されている（前掲『可視化された帝国』）。ハーバート・ビックスは、「一九二八年の間、彼〔天皇〕は何度も旅行をし、陸海軍大学校とその卒業式、議会、御用邸、皇族御殿、祖先の陵などを訪ねた。直訴をするため、国民の誰かが彼に近づくチャンスはまずどこにもなかった」（『昭和天皇』上、吉田裕監修、岡部牧夫他訳、講談社、二〇〇二年）としているが、明白な誤りである。

二五年に普通選挙法が成立したことで、有権者の数は一挙に四倍に増え、二八年二月には同法に基づく最初の総選挙が行われたが、立憲政友会と前年六月に結成された立憲民政党という二大政党が九割近い得票率を占め、無産政党のそれは一割にも満たなかった。直訴をした人々に女性や朝鮮人、被差別部落出身者、無産政党の党員など、狭義の政治から疎外された人々が含まれているのは、おそらくこのことと関係がある。

では、天皇自身の政治認識はどうだったのか。歴史学者の永井和《かず》は「昭和天皇の個人的な政治的見解は、保守的で武断的な田中〔義一〕政友会よりも、より進歩的で国際協調的な浜口〔雄幸〕民政党のそれに近かった」、「昭和天皇はむしろある程度までは無産勢力の議会進出を容認するほうが体制の安定につながるとの考えの持ち主であった」（『青年君主昭和天皇と元老西園寺』京都大学学術出版会、二〇〇三年）と述べている。この点では、当時の吉野作造に近いといえるかもしれない。

しかしその背景には、地方視察の途上で「君民一体」の光景に接してきた摂政時代からの体験や、普通選挙法の成立後もなお政治から疎外された人々から直訴を多く受けるという、天皇になってからの体験があるように思われる。この点ではむしろ、普通選挙法を批判し、女子を含む普通選挙を実現させることで真の「一君万民」が確立されると考えていた、当時の徳富蘇峰に似ているように見える。

伊藤之雄によれば、当時の昭和天皇は、理想化された明治天皇を行動のモデルとしていた。天皇が田中義一内閣による張作霖爆殺事件の処理方針を事実上否定し、倒閣に追い込んだのも、親政を行う明治天皇のイメージを実態と勘違いしたことによる失策であり、天皇は「立憲君主」としての枠を逸脱し、立憲君主制崩壊への道を自ら切り開いてしまったという(前掲『昭和天皇と立憲君主制の崩壊』)。この分析には興味深い視点が含まれているが、それならなぜ天皇がそのような「勘違い」をしたのかが問われなければならない。伊藤之雄はこれを内大臣の牧野伸顕からの影響に帰しているが、それよりは前述のような、天皇自身による地方視察や直訴の体験の方が大きいのではないか。

そもそも近代の天皇とは、憲法発布以降も「立憲君主」の枠組だけで語られるべきものではないはずだ。伊藤の解釈には、逆に自らの解釈する明治天皇を理想化して昭和天皇を糾弾するような倒錯を感じてしまうのである。

## 大礼と観兵式・親閲式

二八年十一月、天皇の即位を意味する大礼が、京都御所で行われた。

皇室典範と登極令《とうきょくれい》にのっとって行われたこの大礼は、一五年の大正大礼を踏襲していた。先の大礼と同様、東海道本線の東京―京都間を往復する御召《おめし》列車には、天皇が乗る「御料車」の前に、宮中三殿の賢所から運び出した八咫鏡の分身を安置した「賢所乗御車《じょうぎょしゃ》」が連結された。

一連の儀式のうち、クライマックスは十一月十日の「紫宸殿《ししんでん》の儀」で、首相の田中義一が高御座《たかみくら》の天皇に向かって万歳を三唱した午後三時を期して、植民地を含む全国各地で国民全体が同時に万歳を叫ぶよう、周知徹底が図られた。天皇を主体とするこのような「時間支配」もまた、大正大礼を踏襲するものであった（拙稿「戦中期の〈時間支配〉」、『みすず』第五二一号、二〇〇四年、所収）。

だが他方、大正大礼との違いもあった。大正大礼のときは貞明皇后が懐妊していて行けなかったが、昭和大礼では香淳皇后が天皇に同行し、「紫宸殿の儀」では高御座の横に置かれた御帳台《みちょうだい》に初めて立った。また日本放送協会は、昭和大礼に合わせてラジオによる全国中継放送網の開設を急ピッチで進め、天皇が京都に向かう日から東京に帰る日までの模様が、逐一電波で植民地を含む全国に伝えられた（中島三千男『天皇の代替りと国民』青木書店、一九九〇年）。

東海道本線では、御召列車に対向する列車の便所が、行き違う三十分前から使用禁止になったほか、名古屋駅や京都駅の便所には白い幕が張られ、天皇の視界から遮断された。これもまた大正大礼ではなかったことで、〈穢〉の対極にある〈浄〉のシンボルとしての「聖なる天皇」が演出された。また、御召列車が通る線と立体交差する私鉄によっては、電車の運転を取りやめるばかりか、御召列車が通過する前に架線の電流を停止させた(鉄道省編『昭和大礼記録』下、鉄道省、一九三二年)。天皇の乗る列車の上方や下方に、電気が流れていること自体がおそれ多いとされるに至ったのである。

十一月十四日夜から十五日未明にかけては、「大嘗宮の儀」が行われた。いわゆる大嘗祭である。摂政時代に四回にわたり新嘗祭を行ってきた天皇は、この秘儀も難無くこなしたようである。同行した河井弥八は、十四日の日記に「静寂森厳、神代に在るが如し。無事二回の御大儀を完了遊ばさる」と記している(河2)。

東京に戻ってからも、大礼関連の儀式は続いた。十二月二日には、代々木練兵場で大礼観兵式が行われ、ラジオで全国中継された。この観兵式では、勅語を朗読する天皇の肉声、すなわち玉音が、初めてラジオを通して伝わった。日本放送協会の東京中央放送局は、玉音を伝えることを意図したわけではなく、マイクロフォンの性能がよかったために図らずも入ってしまったのだが、宮内省は「居ながらに〔玉音を〕拝するはあまりに恐れ多い」と判断した。これ以降、宮内省は四五年八月十五日まで、玉音の放送をいっさい認めなくなる(竹山昭子『ラジオの時代』世界思想社、二〇〇二年)。

十二月十五日には、宮城前広場で東京、神奈川、千葉、埼玉、山梨の一府四県中等学校以上の諸学校、青年訓練所、在郷軍人会各代表者約八万三千人を集めて、親閲式が行われた。前述のように、学生・生徒などを集めての親閲式は二五年から地方視察の際に行われてきたが、このとき初めて、東京でもそれが行われたのである。

当日は朝から雨が降っていたが、天皇自身の判断で天幕が撤去された。式が始まると、天皇はマントも脱ぎ捨て、一時間二十分にわたって台座の上で直立不動のまま挙手の礼をし続けた。天皇は自ら、「君民一体」を演出したのである(前掲『皇居前広場』)。これ以降、宮城前広場では、親閲式や記念式典がしばしば開かれてゆく。天皇になり、神格化が強まるこの時期にあっても、生身の身体を人々の前でさらし続けたという点で、昭和天皇は明治天皇や大正天皇とは明確に異なっていた。

同じ日の夕方からは、宮中三殿で小祭の一つである「賢所御神楽の儀」が行われることになっていた。前掲『新編　宮中見聞録』によれば、天皇はこの日に親閲式を行うことについて、「夜の祭にさえ差支《さしつかえ》が起こらぬならば、他はすべて、それでよろしい」と述べたという。それは天皇が、宮中祭祀の重要性を認識していたことを示しているように見える。河井弥八はこう記している。「賢所御神楽に付、両陛下の御拝あり。予は聖上に陪乗仕る。車中、天機甚《はなはだ》麗し。寒気のことを奉伺《ほうし》せしに、少しく寒かりし旨御詞あり」(河2)。天皇の機嫌は上々だったというわけだ。悪寒は、おそらく雨でずぶ濡れになった昼間の親閲式に由来していたのだろう。

十二月十五日の天皇は、昼間に「お濠の外側」で大元帥として「臣民」の前に現れたかと思うと、夕方からは「お濠の内側」でアマテラスの子孫として「神」に仕えるという一人二役を見事にこなしたことになる。

天皇は大礼以降、宮中祭祀に熱心に出るようになる。三〇年二月と三八年二月に葉山御用邸に滞在し、祈年祭に一回、仁孝天皇例祭に二回欠席したのを除けば、宮中祭祀の日に御用邸に滞在することはなくなる。

新嘗祭も見事にこなすようになる。三二年十一月二十三日には、天皇は風邪をひいていて、侍医頭が欠席を勧めたにもかかわらず、「一向御聴入れがなく、侍従長に対せられてお前達には分らん、心配には及ばぬ。このお祭はどうしても自分がしなければならぬと仰せられた」(前掲『日本の祭祀』)という。また侍従武官長の本庄繁は、三四年十一月二十三日の日記に次のように記している。

陛下ニハ、此日、新嘗祭ノ大礼ニ当ラセラレショリ已《すで》ニ、前晩、即チ二十二日夜ヨリ下衣等ヲ一切御召シ換ヘノ上、御奥ニ御寝遊《あそば》サレズ、御政務室ノ側ニ御就寝遊バサルル等、実ニ御注意深クアラセラレ、又二十三日夕ノ儀、暁ノ儀ニ於テ、各約二時間宛御跪《き》坐《ざ》遊サルル等、実ニ其御態度ノ御厳粛ニ付テハ、恐懼《きょうく》ニ耐ヘザルモノアリキ。（前掲『本庄日記』）

貞明皇后に「御正坐御出来ならざる」と言われた摂政時代の面影は、もはや微塵もなかった。天皇は三一年に「ふる雪にこころきよめて安らけき世をこそいのれ神のひろまえ」という和歌を、三三年に「あめつちの神にぞいのる朝なぎの海のごとくに波たたぬ世を」という和歌を、それぞれ詠んでいる。

## 「国体」の視覚化

裕仁は天皇になっても、毎年十一月に行われる陸軍特別大演習に付随して地方視察を続けるとともに、その途上で親閲式や奉迎会に臨み、万単位の「臣民」とともに「君民一体」の「国体」を視覚化する摂政時代の行啓のスタイルを、三六年まで守り続けた（前掲『可視化された帝国』）。また二九年と三〇年の五月から六月には地方視察だけを目的とする巡幸を行ったが、これらの巡幸は八八年五月に宮内庁長官の富田朝彦《ともひこ》に天皇自身が語った回想によれば、「軍中心大キボに」と主張する陸軍に対して、「地方民との機会と主張し、内容キボを変えさした」ものであった(『日本経済新聞』二〇〇七年五月一日)。いわゆる戦後巡幸の原型が、このときすでに確立されていたのである。

各地で行われた親閲式や奉迎会を通して、東京の宮城前広場ばかりか、全国で視覚化された「国体」のすがたが、「君側《くんそく》の奸《かん》」の排除を主張する昭和初期の超国家主義につながっていったと見られるのは、前章で触れた通りである。天皇はもはや植民地を訪れることはなかったものの、北海道から九州までの県庁や府庁、市役所、学校、裁判所、産業施設、軍事施設、民間会社などを毎年訪問した。

天皇の都市計画に対する関心は、後藤新平の震災復興計画が挫折してからも続いていた。とりわけ、東京と異なり震災がなく、市長の關一のもとで着々と都市改造を進めてきた大阪に対する関心がいかに大きかったかは、二五年に続いて二九年にもこの都市を訪れ、「この度大阪に来て、各方面の現状を見て、努力の現はれてゐるのを嬉しく思ふ、なほ一般の熱誠な歓迎を受けて満足に思ふ、将来官民協力奮励して一層の発展を期するやうに」(『大阪朝日新聞』一九二九年六月七日夕刊)という談話を発表していることからもわかる。もっぱら文語調の勅語しか発することのなかった当時の天皇が、まるで皇太子時代に発した令旨のような口語調で、再び大阪の感想を述べているのである。天皇は三二年にもう一度大阪を訪れ、復興されたばかりの大阪城天守閣に登臨し、古代の大王《おおきみ》の国見よろしく大阪市街を見下ろしている(前掲『「民都」大阪対「帝都」東京』）。

もっとも、天皇になってからの地方視察には、皇太子時代のそれには見られなかった特徴もあった。天皇は二九年、陸軍特別大演習が行われた水戸郊外を、突然白馬「吹雪」に乗って散歩した。白馬に乗る天皇というイメージは、昭和になって初めて現れたものであり、ここでも「聖なる天皇」が演出された。三二年に起こった血盟団事件や五・一五事件の首謀者の多くが水戸郊外の出身だったことを考え合わせるならば、こうした天皇像もまた超国家主義に影響を与えたといえる。

## 地方視察と生物学研究

さらに重要な特徴がある。昭和初期の天皇の地方視察には、御用邸滞在と同様、生物学研究の一環としての意味合いがあったのである。

二七年に訪れた小笠原諸島と奄美大島や、二九年に訪れた八丈島と伊豆大島では、天皇は背広に着替え、海産生物や植物を採集した。また同じ二九年には、和歌山県田辺湾に浮かぶ神《か》島《しま》で南方熊楠に初めて会い、熊楠とともに変形菌を採集した。後に熊楠は、変形菌の標本をキャラメル箱に入れて天皇に献上した。歌人の岡野弘彦はこう述べている。「専門雑誌でそのすぐれた研究を知っていられた天皇が、世に奇人と言われている南方と二人だけで無人島の標本採集を実行されたのは、研究者としての思い切った情熱からであったに違いないが、それが実現するためには、当時の世間にもまだ学問の真実を尊ぶ心があったからだと思われる」(『昭和天皇御製　四季の歌』同朋舎メディアプラン、二〇〇六年)。

三〇年五月から六月にかけて、天皇は静岡県を視察した。その途上、六月一日に訪れた浜名湖で、天皇は知事の白根《しらね》竹介《たけすけ》と次のような会話を交わしている。

**天皇**　すつぽん、うなぎは何日でかへるか。うなぎ一貫目は幾何《いくばく》か。
**知事**　すつぽんは六十日でかへります。うなぎ一貫目はたゞ今の相場で四十二円であります。
**天皇**　(うなづかせ給ひ)四十二円ではまうからぬだらう。この頃は上海からうなぎの子を取り寄せて養殖してゐるといふがどうか。

(『東京朝日新聞』一九三〇年六月二日。句読点を補った)

こうしたやりとりが新聞に掲載されるのは、非常に珍しかった。この日、沼津御用邸に到着した天皇は、蒲原《かんばら》町(現・静岡市)に住む中澤深海生物研究所所長の中澤毅一から、駿河湾の深海生物に関する進講を受けている。

翌日、天皇は沼津御用邸を発ち、伊豆半島の天城《あまぎ》山中にある大正池を目指した。途中で変形菌の採集に熱中するあまり、予定より二時間近くも遅れ、沼津御用邸に戻ったときには午後七時四十分になっていた。たとえ一分であろうと遅れることがあってはならない当時の行幸の常識からは、およそ考えられないことであった。

徳富蘇峰は、敗戦直後の四五年九月、この行幸に関連して次のような回想を残している。

ある時熊本県同人の会に、当時の内務大臣安達《あだち》謙蔵氏が臨席し、最近静岡の行幸に陪《ばい》した際、主上《しゅじょう》が伊豆天城の某所で、粘菌を御採訪あり、親しく木に御攀《はん》じ遊ばされて、これを御採集遊ばされたなどと、恰《あた》かもそれを御聖徳として、我等に吹聴していたから、予はその談話の済むや否や、直ちに起《た》って、只今安達君の御話を承れば、誠に感銘に堪えぬ至りであるが、但《た》だ予自身としては、内務大臣たる安達君は、主上が親しく人民の疾《しっ》苦を知ろし召され、地方の民情を御採訪遊ばさるる事についての、話を承らんと期待したるに、粘菌御採訪の話では、全く驚き入るの外はない。内務大臣として御啓沃《けいよく》申上ぐる事は、別に重大なるものがあるべき筈だ、といったところ、座中の文学博士宇野哲《てつ》人《と》氏が、一人手を叩いて、予の意見に賛成した。

（『徳富蘇峰　終戦後日記』講談社、二〇〇六年）

蘇峰の抱いた違和感は、前述した倉富勇三郎の危惧に通じるものがある。このような天皇の態度に、軍部が不満を募らせてゆくのも想像に難くない。元侍従の岡本愛祐《あいすけ》によれば、「即位前後から、とくに陸軍が宮中のなかに口を挟んでくるようになった。たとえば、陛下は一週間か二週間にいちど生物学のご研究所へお訪ねになる。それがお楽しみでもあったんです。それを陸軍がいかんといいだしたのです」という(保阪正康『昭和天皇』中央公論新社、二〇〇五年)。

しかし他方、天皇の生物学研究は、宮中祭祀のあり方を変えるきっかけにもなった。天皇は二九年から宮城内の水田で自ら田植えや稲刈りを始めたが、三〇年十一月の新嘗祭からは、自ら刈った新米を毎年供えるようになるからである。天皇に稲作を勧めた河井弥八はこの日、日記に「陛下御親栽の新穀を以て天神地祇《てんじんちぎ》を祭らせ給ふ。蓋《けだ》し万古未曾有のことなり」(河4)と記している。天皇の研究が、西園寺公望の言う「哲学的の理論」にまで達したかどうかは不明だが、天皇が新嘗祭に生物学研究と祭祀の接点を見いだしたのは間違いない。

**天皇・皇太后・秩父宮**

天皇が祭祀を熱心に行うようになった大礼以降も、皇太后との確執は続いていた。

二八年十二月二十二日、天皇は宮城に皇太后を招いて内宴を催したところ、皇太后は「皇后陛下には殊に御打融けたる御談話」があったのに、「聖上陛下には御談話なかりし趣」であった。河井弥八は「之は心配なり」と記している(河2)。二九年十二月九日の高松宮の日記には、

「午前、鈴木〔貫太郎〕侍従長、贈答のことにつき来談。東御所と宮城との折合、融和につきつとむべき旨話す」(高1)という記述がある。「東御所」は皇太后、「宮城」は天皇・皇后を意味する。さらに三三年二月十八日、内大臣秘書官長の木戸幸一は、宮内大臣の湯浅倉平に対して、「殊に大宮御所と御奥の関係」につき、「特に留意」するよう要望している(木・上)。「大宮御所」が皇太后を、「御奥」が天皇や皇后を指すのは言うまでもない。

母(貞明皇后)を前にして並ぶ兄弟.
左から裕仁皇太子，秩父宮，高松宮
(大正末期．提供：毎日新聞社)

昭和天皇と皇太后の関係とは対照的に、秩父宮や高松宮と皇太后の関係は良好であった。秩父宮や高松宮は赤坂の大宮御所をしばしば訪問する一方、皇太后も秩父宮邸や高松宮邸を頻繁に訪れた。彼らが会う回数は、天皇と皇太后が会う回数よりもはるかに多くなった。とりわけ秩父宮とは、誕生日が六月二十五日で同じだったこともあり、本人ばかりか勢津子妃とも親密な関係を保っている。

秩父宮は陸軍士官学校時代、北一輝に私淑する西田税《みつぎ》と同期であった。また、東京の第一師団歩兵第三連隊で中隊長になると、後に皇道派青年将校のリーダーとして、二・二六事件を起こす一人となる安藤輝三《てるぞう》と親しくなった。この事件の前から秩父宮には、昭和天皇に代わって即位するという噂があったようで、海軍大将の加藤寛治《ひろはる》は三一年十月十七日の日記に、「関屋〔貞三郎〕、秩父宮様帝位簒奪の可恐《おそるべき》評判を立つ。不可恕《ゆるすべからず》」と記している（伊藤隆他編『続 現代史資料5 海軍』みすず書房、一九九四年）。前述のように関屋は、宮中にキリスト教を持ち込み、皇太后に影響を与えたと思われる人物であった。

天皇は、秩父宮の動きに神経を尖らせていた。三二年五月二十八日、侍従武官長の奈良武次は、日記に「午后二時頃御召に依り拝謁、朝香宮、秩父宮両殿下の御話に依れば青年将校の言動意外に過激なるやに感ぜらる、秩父宮殿下を他に転補の必要なきや陸軍大臣にも相談せよとの御思召なりし」と記している（奈3）。奈良はのちに、「五月二十八日予に〔秩父宮〕殿下を歩兵第三聯隊附より他に転補するやうとの御内意を洩らされたり」と再び回想している（奈4）。秩父宮が三二年八月に参謀本部作戦課に異動となり、その三年後にはさらに青森県弘前に流離の身となった背景に、天皇のこうした意思があったのは明らかである。

### 二・二六事件への激怒

秩父宮が第八師団歩兵第三十一連隊の第三大隊長として上野から弘前に向かったのは、三五年八月九日のことであった(『雍仁《やすひと》親王実紀』吉川弘文館、一九七二年)。その三日後、陸軍における統制派と皇道派の対立が極点に達したことを暗示する事件が起こった。皇道派に属する陸軍中佐の相沢三郎が、統制派の中心人物であった軍務局長の永田鉄山を斬殺したのである。

相沢は事件を起こす前、伊勢神宮に参拝して胸中の覚悟を祈願している。事件当日に行われた憲兵隊の取り調べに対して、相沢は「伊勢神宮の神示《しんじ》によつて天誅《てんちゅう》が下つたのだ。おれの知つたことではない」と述べたという(『東京朝日新聞』一九三六年一月二十八日号外)。三六年一月二十八日に開かれた第一回公判でも、相沢はなぜ永田を殺したのかという問いに対して、「私が(永田)閣下に斬り付ける時叫んだ『天誅』といふ言葉が最もよくその気持を表して居ります」と答えている(同)。

この裁判のゆくえに、皇太后は並々ならぬ関心を示していた。第三回の公判が開かれた三六年二月一日、皇太后は高松宮に対して、「相沢中佐もあれだけかたき信念をもつものを惜しきこと」と話している(高2)。皇太后は相沢に同情的で、その「信念」を高く評価しながら、永田斬殺によって法廷に立たされ、刑事被告人になったことを「惜しきこと」と話しているのである。事件当日に「陸軍に如此《かくのごとき》珍事ありしは誠に遺憾なり」(前掲『本庄日記』)と述べた天皇とは対照的であった。

こうした前史を念頭におくと、三六年二月二十六日に起こった二・二六事件における昭和天皇の有名な激怒も、従来とはいささか違った角度から見えてくる。事件に際して、皇道派に近い本庄繁が、「其精神ニ至リテハ、君国ヲ思フニ出デタルモノニシテ、必ズシモ咎《とが》ムベキニアラズ」と述べたのに対して、天皇が「朕ガ股肱《ここう》ノ老臣ヲ殺戮《さつりく》ス、此ノ如キ兇暴ノ将校等、其精神ニ於テモ何ノ恕《ゆる》スベキモノアリヤ」と答えたという、あの激怒である(同)。想像をたくましくすれば、このときの天皇の脳裏には、永田鉄山を斬殺した相沢三郎の「信念」を評価する皇太后と、「朕ガ股肱ノ老臣」を襲撃した青年将校の「精神」を評価する本庄とが、二重写しになっていたのではないか。

天皇にさらなる不安を与えたのは、自らの意思で弘前に流した秩父宮の動きであった。秩父宮は高松宮から事件の知らせを聞くや、二十七日の未明に弘前を発ち、奥羽、羽越、信越、上越、高崎各線を経由し、同日夕刻に上京してきた。高松宮から宮内省の意向を聞かれた木戸幸一は、「御見舞の為に御帰京の思召と云ふことであれば、吾々としてそれを御止め申すべき筋合ではありませんが、高松宮は東京の現在の状況は御承知のこと故、可然《しかるべき》御判断を御願ひする外ないと存じます」(木・上)と答えているが、この言葉は当時の宮中の空気を代弁しているように見える。

実際に当時の東京では、事件を起こした青年将校が、「秩父宮殿下が御帰京になったので、愈々《いよいよ》我々の頭目として戴き、我々の立場は好転して、昭和維新の成功も近い」というような演説を堂々とやっていた(前掲『雍仁親王実紀』)。上京した秩父宮は、直ちに参内《さんだい》してから、皇太后のいる大宮御所に向かっている。

皇太后の侍医であった山川一郎は、女官から聞いた話とした上で、皇太后が「秩父宮を召され、反乱軍の親達の身にもなって、余り極端な措置をせぬようにとのご希望を述べられ」たと記している(『拝命』山川かよ、一九七二年)。松本清張は、「二・二六事件発生後、弘前より急いで上京参内した秩父宮に対し天皇が大いに不機嫌だったこと、宮中からまっすぐ大宮御所に入った秩父宮が皇太后のもとにかなり長い時間とどまっていたということ、また、天皇が『叛徒の撃滅』に異常なほど熱心だったこと」に注意を促している(『昭和史発掘』8、文春文庫、二〇〇五年)。

## 皇太后との微妙な関係

事件が終息した三六年三月一日、天皇は本庄繁にこう述べている。

> 己《ママ》ニ、軍法会議ノ構成モ定マリタルコトナルガ、相沢中佐ニ対スル裁判ノ如ク、優柔ノ態度ハ、却テ累ヲ多クス、此度《このたび》ノ軍法会議ノ裁判長、及ビ判士ニハ、正シク強キ将校ヲ任ズルヲ要ス(以下略)。
>
> (前掲『本庄日記』)

天皇は、相沢三郎を被告とする軍法会議の公判が、相沢の「信念」を十分に聞き入れる形で進んでいるように見えたことに苦言を呈するとともに、今度の軍法会議はそうならないよう、釘を刺しているのである。

しかし、二・二六事件が終わってからも、天皇と皇太后の微妙な関係は続いた。

三六年六月、西園寺公望は「皇太后様を非常に偉い方のやうに思つてあんまり信じ過ぎて……といふか賢い方と思ひ過ぎてをるといふか、賢い方だらうがとにかくやはり婦人のことであるから、よほどその点は考へて接しないと、陛下との間で或は憂慮するやうなことが起りはせんか。自分は心配してをる」と語っている（原田熊雄述『西園寺公と政局』第五巻、岩波書店、一九五一年）。また日中戦争勃発から間もない三七年九月、高松宮は天皇に対して自分が戦闘視察に赴くべきかどうか尋ねたところ、天皇は高松宮が負傷した場合、「大宮様（皇太后）の御機嫌をわるくすることが御コマリと御考へにな」っていると記し、「大宮様に対する御考へがまるで、御孝心と云ふよりも非常に『さはらぬ』様な御考へであると思ふ」と天皇を批判している（高2）。

なお、徳本栄一郎『英国機密ファイルの昭和天皇』（新潮社、二〇〇七年）によれば、当時のイギリス政府は、皇室内のこうした人間関係について、かなり正確に把握していたようである。

三八年三月にイギリス外務省に送られた報告では、「皇太后が秩父宮をことさら贔屓《ひいき》し、かわいがっていた事、しばしば昭和天皇に政治的助言を与え、それを天皇が嫌がっている事」などが紹介されていた。

### 溥儀の来日

皇太后が目をかけていたのは、秩父宮だけではなかった。

三五年四月、「満洲国」皇帝の溥儀が来日し、二回にわたり大宮御所を訪れた。このとき皇太后は、次のような和歌を詠んでいる。

若松の一本そへる心地して末たのもしき春の庭かな
われをしもみははのごとくおほしつるその御心にしたしまれつつ
（小笠原省三編述『海外神社史』上、海外神社史編纂会、一九五三年）

「秩父さん」「高松さん」と同様に、溥儀を「満州さん」と呼ぶ皇太后に、溥儀はすっかり幻惑されてしまった。作家の入江曜子は、「〔皇太后の〕母心が通じて、御所の庭を散歩した折り思わずその手をひき、日本皇室とは一家であると実感したという溥儀の側には、日本における皇太后に、晩清の慈禧《じき》太后(西太后)や小朝廷時代の隆裕《りゅうゆう》太后(光緒帝の正室)と同様の権力や政治的影響力を重ねた計算と誤解がある。にもせよ、皇太后こそ天皇一家の要であり、そのひとに我が子と同列に扱われたという確信は、溥儀にとっての光――心の支えとなった」(『溥儀』岩波新書、二〇〇六年)としている。だが前述のような天皇の皇太后に対する恐れを踏まえれば、溥儀の思いを「誤解」とは断定できまい。

溥儀は四〇年六月、二度目の来日をしている。来日の目的は、首都新京(現・長春)にアマテラスをまつる建国神廟を建てるのに伴い、皇室と政府にその承諾を求めることにあった。これに対して、天皇は難色を示した。

侍従の岡部長章《ながあきら》は、次のように回想している。

昭和十五年の夏以降のことだと思いますが、ある日、印肉に象牙のご裁可印を押しつけたきり、陛下のお手が止まってしまったことがありました。私は反対側に立っていましたが、長身なので表記の墨書がよく読めます。これはお気に入らないことが起こったのだなと思って注目すると、『一、満洲国ニ建国神廟を建ツル《ママ》ノ件』と墨書してあります。明治憲法にも規定されている信教の自由ということに抵触するのでご反対なのだと、直ちに拝察しました。その書類にはとうとう捺印なさらず、傍らに置かれて、次の書類に目を通され、終わった後に、「それを」と言われます。そういう書類は手提げ金庫の中に入れておきます。

（『ある侍従の回想記』朝日ソノラマ、一九九〇年）

天皇は、「中国には古来、祭天の信仰があるから、天を祀るのが妥当ではないか」と言ったという（児島襄『満州帝国』Ⅱ、文春文庫、一九八三年）。しかし皇太后は、むしろ建国神廟の建立を機に、「神ながらの道」が「満洲国」にも行き渡ることに期待をかけていた。同国の祭祀府祭務所長であった八束清貫《やつかきよつら》は、こう回想する。

大宮様〔皇太后〕は、平生から御敬神の念に厚く、特に「神ながらの道」の普及宣揚には深い御関心をよせられてゐたので、今回満洲国に神廟が出来て、其の奉仕の為めに「八束が行く」といふので、もともとからの深い御関心に基き斯る恩〔思〕召〔皇太后が八束に拝謁を命じたこと〕になったことと拝察される。

（前掲『海外神社史』上）

溥儀は帰国してから、「国本《こくほん》」、すなわち「満州国」のいしずえを「惟神《かむながら》の道」に定めるという「国本奠定《てんてい》詔書」を出している。「神ながらの道」は、天皇の意思に反して、ついに日本を超える普遍性を獲得するのである。

# 第四章　戦争と祭祀

昭和天皇の生母，貞明皇后
（提供：毎日新聞社）

## 日中戦争勃発後の神嘗祭

一九三七年十月十七日、天皇は神嘗祭《かんなめさい》を行うため、宮中三殿を訪れた。宮中の神嘗祭では、天皇は通常、神嘉殿の南庇で伊勢神宮を遥拝してから、賢所で拝礼することになっていた。ところがこの日、天皇は賢所だけでなく、皇霊殿と神殿でも同様の拝礼を行ったのである。

神嘗祭における天皇の祈りを、新聞はこう伝えている。「〔天皇陛下には〕賢所内陣の御座に進ませ給ひ御玉串を献ぜられて御鈴《おすず》の儀のうちに御拝礼、玉音厳かに御告文を奏し給ひ特にその御辞別《ことわけ》において事変経過を御親告、東亜の平和確立を御祈願遊ばされた、（中略）天皇陛下には賢所の御儀ののち更に皇霊殿、神殿にも御親拝、恭しく時局の安定を御祈願遊ばされ、茲《ここ》に神嘗祭には全く異例の畏《かしこ》き御儀を滞りなく終へさせられた」（『東京朝日新聞』一九三七年十月十八日夕刊）。

天皇がこのような「異例の畏き御儀」を行った背景には、「事変」、すなわち同年七月七日に北京郊外で勃発した日中戦争があった。この地域で戦争が勃発すれば、三一年九月に起こった満州事変よりもはるかに大きな問題が生じることを、天皇は事前に認識していた。敗戦後、天皇はこう述べている。「これは満洲は田舎であるから事件が起つても大した事はないが、天津北京で起ると必ず英米の干渉が非道《ひど》くなり彼我衝突の虞《おそれ》があると思つたからである」(『昭和天皇独白録』文春文庫、一九九五年)。

この言葉を字義どおりに受け取れば、天皇が神嘗祭に際して皇霊殿と神殿にも拝礼したのは、天皇なりの危機感のあらわれだったということになろう。高松宮や侍従の徳川義寛の日記によれば、こうした習慣は四四年の神嘗祭にまで受け継がれる。戦争の継続は、神嘗祭における天皇の三度の拝礼を、「異例」でないものにする。

歴史学者の吉田裕《ゆたか》らが指摘するように、『昭和天皇独白録』は天皇の戦争責任についての「弁明の書」という色彩が強く、引用に当たっては注意を必要とする。しかしその弁明は、あくまで対米英開戦に対するものであり、満州事変や日中戦争の問題では、意外に「本音」が語られている。「満洲は田舎であるから事件が起つても大した事はない」という天皇の言葉には、対英米関係を悪化させる可能性が少ない満州での軍事行動を容認する論理がはらまれている(吉田裕『昭和天皇の終戦史』岩波新書、一九九二年)。

吉田によれば、天皇は日中戦争でも、必ずしも米英との衝突を恐れて戦争の早期終結を主張していたわけではなく、「重点に兵を集め大打撃を加えたる上にて、我の公明なる態度をもって和平に導き、すみやかに時局を収拾するの方策なきや」と話すなど、その前に中国軍を叩くことが必要という認識を抱いていた(同)。「東亜の平和確立」「時局の安定」には、戦争の勝利という重大な条件が付いていたのである。

「国民奉祝の時間」

神嘗祭に続く祝祭日は、三七年十一月三日の明治節であった。この日、全国民が午前九時を期して宮城を遥拝する「国民奉祝の時間」が、初めて設けられた。

来る十一月三日の明治節を期し文部、内務両省では国民精神総動員計画の一部として「国民奉祝の時間」を設け全国民一斉に精神的挙国一致の実を挙げることになつた。これは諸官庁学校等で行ふ奉拝式、祝賀式等と並行し、式典に参列しない一般国民が当日午前九時、各家庭、職場等それ〴〵の場所で宮城遥拝を行ひ、同時刻には全国の工場の汽笛やサイレンを始め寺院の鐘等あらゆる施設を動員して「奉祝の時間」を知らしめ、ラヂオも特別放送を行ふ。

(『東京朝日新聞』一九三七年十月二十四日)

国民精神総動員というのは、近衛文麿内閣が三七年九月から、国民を戦争協力に動員するために始めた運動のことである。時報を正確に知らせるラジオの聴取契約数は、日中戦争の勃発とともに急増し、この月に三百二十四万に達していた(日本放送協会編『放送五十年史』日本放送出版協会、一九七七年)。

「国民奉祝の時間」は、植民地や「満洲国」でも同様に設けられた。三七年十月一日に西部標準時が廃止され、「内地」、植民地、「満洲国」がすべて中央標準時に統一されたことで、どこでも同じ時間に遥拝することが可能になったのである。例えば朝鮮では、十月三十日付の官報で、「当日ハ午前九時ヲ期シ『国民奉祝ノ時間』ヲ設定シ、式ニ参列セザル者ハ夫夫《それぞれ》ノ場所ニ於テ全国一斉ニ宮城遥拝ヲ行フコト、此ノ為同時刻ニハラヂオ、汽笛、サイレン、鐘等ニ依リ周知方法ヲ講ズルコト」(「明治節奉祝ニ関スル件」、『朝鮮総督府官報』第三二三九号所収)とされた。

当時の新聞記事を見る限り、それは決して政府の掛け声だけに終わったわけではなかった。「今年から制定された『国民奉祝の時間』午前九時ともなれば全市のサイレンをはじめ工場、寺院の鐘は卅《さんじゅう》秒間高らかに鳴りわたり市電、市バスは一斉に一分間停車し全市民は家にあるもの道行くものすべてこの一瞬こぞつて大帝の御偉徳を仰ぎ皇軍の武運を祈つて黙禱を捧げれば府市立各男女中等学校、試験場、市内各小学校はこの時校舎、学校に於て明治神宮、宮城遥拝式を挙行した」(『読売新聞』一九三七年十一月四日夕刊)。特定の時間を設定し、その時間を期して全国民に同じ行動を強制するという意味で、これは前述の大礼における「時間支配」を踏襲するものであった。

しかし大礼と違っていたのは、同じ時間に天皇もまた宮中で黙禱していたらしいことである。「午前九時『国民奉祝の時間』に当り宮中におかせられては畏くも両陛下には同時刻一分間の御黙禱にこのときを御祈念遊ばされたと承る」(同)。明治節祭そのものは午前十時から宮中三殿で行われたが、それに先立つ午前九時、天皇は国民とともに祈ったというのである。もしそうだとすれば、この「時間支配」の究極の主体は天皇ではなく、宮中三殿に祀られた皇祖皇宗ということになる。

これ以降、明治節だけでなく、四方拝(元日)、紀元節(二月十一日)、陸軍記念日(三月十日)、天長節(四月二十九日)、海軍記念日(五月二十七日)や、日中戦争が勃発した七月七日、天皇が靖国神社や伊勢神宮に参拝した日などにも、「国民奉祝の時間」や「全国民黙禱時間」「一億総神拝の時間」などが設けられ、その都度、宮城や靖国神社、伊勢神宮遥拝が全国民に強制された。祝祭日や記念日に際しての「時間支配」は、少なくとも四五年二月十一日の紀元節まで続いた(前掲「戦中期の〈時間支配〉」)。

### 四月・十月の靖国神社参拝

このうち最も重要なのは、天皇の靖国神社参拝である。

天皇は、三八年から四五年まで、毎年四月と十月(四五年だけは十一月)の臨時大祭(四五年十一月だけは臨時大招魂祭）に合わせて、必ず靖国神社に参拝した。臨時大祭というのは、戦死者の霊代《たましろ》を奉安する祭りのことで、日中戦争と太平洋戦争に当たるこの時期には、毎回数千から万の単位で、戦死者が「英霊」として合祀された。

大江志乃夫『靖国神社』（岩波新書、一九八四年）によれば、臨時大祭における天皇の参拝の仕方は次のようであった。

天皇「親拝《しんぱい》」のときは、大臣以下供奉《ぐぶ》の全員はすべて本殿の廊下にとどまり、天皇は侍従長だけを随《したが》えて本殿の御座につき、「御拝《ぎょはい》」をするという。天皇の玉串は、宮司がこれを侍従長に捧呈し、侍従長はそれを天皇に奉り、天皇はその玉串を暫《しば》し手にしてもっとも鄭重《ていちょう》な「御拝」をする。相当に長い時間の「御拝」であるという。そののち、玉串を侍従長に手渡し、侍従長はそれを捧げて宮司に手交し、宮司はそれを頂戴して階段を上り、神前に捧げる。

天皇が玉串を手に「御拝」をする時間は、ほとんどの場合、午前十時十五分と決まっていた。「全国民黙禱時間」とされたこの瞬間、天皇は国民とともに「英霊」に向かい、戦争の勝利を祈ったのである。財界人の朝倉毎人《つねと》は、一九四二年四月と十月の臨時大祭の日、それぞれ日記にこう記している。「午前十時十五分ニ全国一億ノ民草、陛下ノ御親拝ニ従ヒテ祈念拝礼ヲ為ス。此瞬間神国ナラデハ解シ得ザル神々敷《こうごうしき》心境ナリ」。「午前十時十五分全国一斉ニ御親拝ニ相随フテ皆瞑目。英霊ヲ拝シ奉レリ。此ノ心此ノ一心アレバコソ我皇国ノ精神ハ天地ヲ貫キ八紘為宇ノ拡充ヲ見ルベキナリ」(『朝倉毎人日記』昭和十五年七月〜昭和十七年、山川出版社、一九八九年)。

この「時間支配」では、支配の主体が天皇ではなく、「英霊」であることは明白である。丸山眞男は、古代以来の日本の政治意識の「執拗低音」について分析した「政事《まつりごと》の構造」(『現代思想』一九九四年一月号所収)のなかで、「天皇自身も実は皇祖神にたいしては『まつる』という奉仕=献上関係に立つので、上から下まで『政事』が同方向的に上昇する型を示し、絶対的始点(最高統治者)としての『主《ヘル》』は厳密にいえば存在の余地はありません」(傍点原文)と述べたが、ここでいう「皇祖神」を「英霊」に替えれば、戦中期の靖国神社臨時大祭の分析としても通用する。

おそらく天皇は、「皇祖神」や「英霊」、あるいは皇太后に対しては責任意識をもっていたであろう。それに比べれば、国民に対する責任意識は希薄であったように思われる。ましてや、侵略された地域の住民に対する意識があったかどうかは、はなはだ疑わしい。丸山流に言えば、それはおそらく、戦中期に「主旋律」として隆起する「政事の構造」そのものに由来していたのではなかろうか。

## 演出される「現人神」

日中戦争の勃発に伴い、毎年十一月に行われてきた陸軍特別大演習の統監と地方視察は、三七年以降、中断された。葉山や日光田母沢などの御用邸滞在は続けられるものの、天皇は東京にとどまることが多くなった。

地方視察の中断に伴い、「君民一体」の「国体」が国内各地で視覚化されることはなくなった。けれども東京の宮城前広場では、万単位の人々を集めての親閲式や記念式典、戦勝祝賀式などが、なおも定期的に続けられた。戦中期の宮城前広場は、天皇が人々の前に姿を現す最大の政治空間となる。とりわけこの時期には、一般に「二重橋」と呼ばれる正門鉄橋と白馬とが、天皇を「現人神《あらひとがみ》」として演出する舞台や道具として重要な役割を果たすようになる（前掲『皇居前広場』）。

天皇は、三七年八月に第二次上海事変が起こった時点で、「事変」が本格的な戦争になるのを覚悟するようになった。それは天皇自身が、戦後に「その中《うち》に事件は上海に飛火した。近衛〔文麿〕は不拡大方針を主張してゐたが、私は上海に飛火した以上拡大防止は困難と思つた」（前掲『昭和天皇独白録』）と回想する通りである。

日本軍は三七年十二月に国民政府の首都南京を、次いで三八年十月には南京に代わる首都の漢口（武昌、漢陽と合わせて武漢三鎮）を、次々に陥落させた。

天皇が初めて白馬「白雪」に乗り、正門鉄橋に現れたのは、秋の靖国神社臨時大祭から九日後、漢口陥落の翌日に当たる三八年十月二十八日のことであった。「御馬上御颯爽《さっそう》たる大元帥陛下の御英姿を拝し奉つた民草はこの思ひがけぬ光栄に感激その極に達し、一斉に最敬礼申上げ感泣《かんきゅう》して万歳を奉唱したのであつた」（『東京朝日新聞』一九三八年十月二十九日）。侍従の入江相政はこの模様を、「お上は御乗馬で二重橋の鉄橋へ御出ましになる。民草の旗行列を御覧になる。非常に御満足げに拝した」（入1）と記している。同じ日の夜、天皇は再び提灯をもち、三十分間にわたって再び正門鉄橋に現れたが、昼間とは異なり、その横には香淳皇后がいた。

ここで香淳皇后につき、少し触れておきたい。

後述する四〇年十一月の「紀元二千六百年奉祝会」や、四二年二月のシンガポール陥落に際しても、皇后は天皇とは別個に、内親王（照宮《てるのみや》、孝宮《たかのみや》、順宮《よりのみや》）や皇太子、義宮《よしのみや》（現・常陸宮《ひたちのみや》）を連れて正門鉄橋に現れるなど、戦中期には「国母」としての存在感を高めてゆく（前掲『皇居前広場』）。だが皇太后にとって、宮中某重大事件で染み付いた久邇宮家に対する負のイメージは、なかなか消しがたかった。香淳皇后は、ぎくしゃくする天皇と皇太后の間に立って橋渡しをするのが自らの役割と認識していたように思われるが、力不足は否めなかった。

話を再び、漢口陥落に戻そう。一日に二度も正門鉄橋に現れ、人々の歓呼に応えるという天皇のパフォーマンスは、当時の人々をして日中戦争の勝利を確信させたに違いない。この早すぎるパフォーマンスは、おそらく天皇自身の意識をも呪縛することになる。実際には、首都を漢口から重慶に移してからも中国軍の抵抗は止まず、一方の日本軍は攻撃能力が限界に達していたにもかかわらず、天皇は現実を冷静に見極められない心理状態に陥ってゆく。

## しばしば独り言を

日中戦争の泥沼化により、天皇がこだわっていた勝利に伴う「東亜の平和確立」「時局の安定」というシナリオは、しだいに幻想となる。それとともに、天皇はしばしば独り言を漏らすようになった。侍従の岡部長章はこう回想している。

私が赴任した時は、まだ二・二六事件の直後で、一応事は落着していたのでその一年間はお独り言をお聞きしたことはあまりありませんでした。それが翌〔昭和〕十二年七月の盧溝橋事件の後になると、急に多くなってきたと思います。庶務課長から拝謁の願いがあったという電話が常侍官候所にあって、陛下にお伺いにいくと、御政務室に通じるドアは開きっ放しになっているために、階段を上っているうちにお独り言のお声が聞こえてきました。

（前掲『ある侍従の回想記』）

岡部によれば、天皇にはよき相談相手がいなかった。当時の宮殿は奥宮殿、御常《おつね》御殿、表宮殿に分かれており、御政務室は御常御殿の二階にあったが、天皇は見えざる「神」に向かって御告文を繰り返し唱えるうちに、あたりかまわず独り言を漏らす習慣をいつの間にか身につけてしまったのだろうか。

一九四〇年は、初代神武天皇が即位してからちょうど二千六百年目に当たるとされる「紀元二千六百年」であった。この年、天皇は靖国神社に加えて、六月に伊勢神宮に参拝した。天皇が伊勢を訪れるのは、二八年の大礼以来であった。靖国神社臨時大祭と同様、天皇が豊受大神宮《とようけだいじんぐう》(外宮《げくう》)に参拝した午前十一時十二分、皇大神宮《こうたいじんぐう》(内宮《ないくう》)に参拝した午後一時五十四分が、それぞれ「全国民黙禱時間」となった。天皇は国民とともに、「英霊」ではなく、「皇祖神」に向かって拝礼した。

「神様の御加護を」

ヨーロッパでは一九三九年九月一日、第二次世界大戦が勃発し、ドイツ軍が破竹の勢いで進撃していた。日中戦争の長期化に伴い、日独伊三国同盟の締結問題が浮上してくるが、前掲『昭和天皇独白録』で天皇は、「三国同盟に付て私は秩父宮と喧嘩をして終《しま》つた。秩父宮はあの頃一週三回位私の処に来て同盟の締結を勧めた。終《つい》には私はこの問題に付ては、直接宮には答へぬと云つて突放《つっぱ》〔撥〕ねて仕舞つた」と弁明している。

だが実際には、四〇年九月十九日の御前会議で三国同盟締結が決定された。同年九月二十四日、天皇は内大臣の木戸幸一にこう尋ねている。

> 宮内大臣に取調べさせたるに、日英同盟の時は宮中では何も取行はれなかった様だが、今度の場合は日英同盟の時の様に只慶ぶと云ふのではなく、万一情勢の推移によっては重大な危局に直面するのであるから、親しく賢所に参拝して報告すると共に、神様の御加護を祈りたいと思ふがどうだろう《ママ》（以下略）。　（木・下）

天皇が木戸に話した「万一情勢の推移によっては重大な危局に直面する」という言葉は、三国同盟が新たな戦争を招く可能性を、天皇自身が認識していたことを意味する。天皇はたしかに、同盟の締結がもたらすものを危惧していた。

しかしその危惧は、「神様の御加護を祈りたい」という非合理的な行動に結び付くことになる。具体的にいえば、天皇が木戸にこう述べた直後の大祭に当たる十月十七日の神嘗祭に、その機会を見いだそうというのである。

ちなみに日英同盟が調印されたのは、一九〇二年一月三十日のことであった。明治天皇の場合、その直後の大祭に当たる二月十一日の紀元節祭には、出席すらしなかった。ところが昭和天皇は、神嘗祭にもちろん出席する。

四〇年十月十七日の『木戸幸一日記』には、「聖上には特に本日の祝詞《のりと》に於て、独伊との同盟条約締結を御報告被遊《あそばされ》、且つ神の御加護を祈らせられたり」とある。ここでいう「祝詞」は、御告文を意味する。天皇は、国民に対してよりも、「神」に対して強い責任を自覚しながら、その「御加護」を祈ったのである。こうした行動の背後に、「神罰」を説いた皇太后の影を認めることはできないだろうか。

十一月十日には「紀元二千六百年式典」が、十一日には「紀元二千六百年奉祝会」が、それぞれ宮城前広場で開かれ、天皇は会場で勅語や宣旨《せんじ》(勅語より簡略な天皇の言葉)を朗読した。その模様は、ラジオで生中継された。しかしながら、天皇の肉声が入るべき場面にさしかかると、ラジオは突然無音になった(前掲『ラジオの時代』)。「お濠の内側」で天皇が「神」に向かって語りかける声は、「お濠の外側」ではごく一部の選ばれた人々以外、聞いてはならないものとされたのである。

## 相模湾での生物採集

日中戦争を機に、天皇がゴルフをやめたことは、三四年に侍従となった入江相政が次のように回想している。

昭和九年に私が侍従になってしばらくの間は、日曜の朝は、ほとんどといっていいほど、きまって吹上へおいでになってゴルフ。(中略) しかしそのゴルフも、昭和十二年の六月を最後として、全くお止めになってしまった。日華事変〔日中戦争〕で人手不足にもなったし、第一「ゴルフはもうしないのだから」とおっしゃって、ゴルフ場の手入れを止めさせておしまいになった。

(『皇居』保育社、一九六二年)

天皇がゴルフをやめたあとの吹上御苑は、しだいにススキやホタルブクロ、カワラナデシコなどが生える野草の楽園になってゆく。それは海産生物や変形菌類に加えて、天皇の植物に対する関心を芽生えさせるきっかけとなった。

一方、御用邸への行幸は続けられた。日中戦争が勃発してからも、天皇の生物学研究に対する意欲は衰えなかった。三七年十二月三日、内大臣の湯浅倉平は原田熊雄に、「〔宮城内の生物学御〕研究所にお出でになると、やつぱり其所は御所の中だから衛兵が立つてゐて、それが『やあ、何度お出でになつた』とかなんとかいふことを武官府に報告する。さうすると陸軍武官の中に、或は陸軍武官を通して『この非常時に生物学の御研究なんか甚だけしからん』というやうなことを批評する極めてけしからん奴がゐるので、それに気がねをされて少しもお出でにならない」(前掲『西園寺公と政局』第六巻)と話している。思うように研究ができない生物学御研究所とは異なり、御用邸に行けば研究に集中できるメリットもあった。

特に太平洋戦争が勃発する一九四一年は、天皇は一月、四月、七月、十一月と、四回にわたり葉山御用邸に滞在し、相模湾に海産生物の採集に出掛けた。城英一郎《じょうえいいちろう》、入江相政の日記に加え、侍従の小倉庫次《くらじ》の日記(「小倉庫次侍従日記」、『文藝春秋』二〇〇七年四月号所収)をも交えつつ、この間の天皇の動きを追ってみよう(以下、『侍従武官城英一郎日記』〔山川出版社、一九八二年〕の文章を城、前掲『入江相政日記』の文章を入江、「小倉庫次侍従日記」の文章を小倉とカッコ内に記す)。

一月十五日。午前、海上出御に醍醐武官と葉山丸にて御伴す。海上静穏、江の島の南2′《2カイリ》附近にて御採収。くらげの変種は、殊の外御喜び。(城)

葉山丸の方ではくらげの類で今日は非常な物がとれた由。実に世界的のものであつたらしい。(入江)

一月十六日。昨日と同じ江ノ島南方に出御あらせらる。本日は獲物あらせられず。「いつも柳の下に土鰌《どじょう》は居らぬ」と仰せありたり。(小倉)

一月十八日。江の島に遊ばす。二回目に又例のくしくらげが沢山とれる。（入江）
四月十三日。午前、小磯御採集。（城）
四月十四日。午前、鮫島御採集、御供す。（城）
四月十五日。午前、小磯御採収。（城）
四月十六日。初声《はっせ》御用地御視察、御採収。次《つい》で黒埼〔崎〕より御上陸御採収（以下略）。（城）
十一月九日。本日、初声御料地に両陛下ならせらるべき御予定のところ、葉山丸故障にて御取止めとなる。昨日御採集のくらげ破片より幼虫生《うま》る、御満足に拝す。（小倉）
十一月十二日。両陛下、葉山丸にて前一〇・〇〇御発。黒崎に成らせられ海岸に御上陸。貝類、海岸植物など御採集。（小倉）
十一月十三日。江の島南方出御（〇九五五〜一二三〇）。（城）
十一月十四日。江の島沖出御（一〇〇〇〜一二一五）、稍《やや》波ありしも出御あり。（城）

天皇が乗る葉山丸は、十六トンもあった。ヒドロ虫類は磯や海底の岩に付着していて、深い海底からの採集にはそれなりの船が必要であったからである。天皇は、水深三百メートルまでの海底をドレッジで採集したが、一月十五日に採れたのはヒドロ虫類ではなく、クシクラゲの新種であるコトクラゲであった(前掲『天皇陛下の生物学ご研究』)。

対米英戦争の危機が刻々と迫るこの時期に、天皇はクラゲの新種を発見し、「殊の外御喜び」になっていたのである。吉田裕によれば、天皇は葉山に行く直前の十一月五日に開かれた御前会議で、はっきりと開戦を決意していた(『アジア・太平洋戦争』岩波新書、二〇〇七年)。吉田の推測は、入江相政が十一月の葉山行幸について、「総てが一決した時に葉山へ行幸啓を願った。最後の御鍛練を願はうといふのである」(入2)と述べているのとも符合する。

しかし実際には、天皇は「最後の御鍛練」どころか、それまでと同様、連日相模湾や三浦半島沿岸に出掛けている。これ以降、戦争終結まで、天皇は葉山行幸を自粛するものの、御用邸滞在と生物学研究はなおも続けられた。天皇は四二年七月と八月、二回にわたって日光田母沢御用邸に滞在し、変形菌を採集した。入江は八月三日の日記に、「お上はねん菌の御採集に、三内親王も御供」(同)と記している。

なぜ天皇は、開戦を決意し、実際に太平洋戦争が勃発してもなお、生物学研究にこだわったのか。それは、序に触れた元学友の永積寅彦も示唆していたように、自然界に生息する微細な生物の世界を探ることだけが、天皇にとって「神」に対する確証を得るための、ほとんど唯一のよすがとなっていたからではなかったか。

### 戦争勝利の確信

一九四一年十二月一日の御前会議で米英およびオランダとの開戦が最終的に決定され、八日に太平洋戦争(大東亜戦争)が勃発するまでの天皇の政治関与については、ここでは述べない。ただ、当時の首相であった東條英機が語った次の言葉を引用するにとどめることにする。

憲法(天皇は神聖にして侵すべからず)を解して、学者は天皇にはなんら責任はないと論じている。しかし自分は、大東亜戦争開戦前の御決断に至る間の御上《おかみ》の御心持ちを拝察して、天皇は皇祖皇宗に対し奉り、大きな御責任を痛感せられておる御模様を拝承した。しかるに臣下たる我々は、大東亜戦争に勝てるかどうかと云う事のみを考えたのであるが、御上はそれとは較べものにならぬ御責任のもとで御決断になったものと思う。

(『東条内閣総理大臣機密記録』。前掲『昭和天皇の終戦史』より重引)

十二月九日、天皇は宮中三殿で「宣戦奉告の儀」を行った。入江はこう述べている。「天皇陛下三殿御親拝の御服上、宣戦布告を三殿に御奉告あらせられ、御告文を奏せられる。おごそかなる玉音《ぎょくおん》を簀子《すのこ》に御剣を奉じつゝ涙と共に拝する」(入2)。四二年一月の歌会始では、「峯つゝきおほふむら雲ふく風のはやくはらへとたゝいのるなり」という天皇の和歌が披露された

(『朝日新聞』一九四二年一月二十七日)。

宣戦布告に伴う政務の激増は、月に三度の旬祭への出席を困難にさせた。十二月十日、侍従長の百武《ひゃくたけ》三郎は、毎月十一日と二十一日の旬祭を代拝にするよう天皇に助言し、天皇の許可を得た(前掲「小倉庫次侍従日記」)。しかし天皇は、「神」への報告を怠らなかった。四一年から四二年にかけての天皇は、大正天皇祭、元始祭、孝明天皇例祭といった宮中祭祀のたびに、次々に伝えられる日本軍の勝利を皇祖皇宗に報告したと思われるからである。四二年二月十一日の紀元節祭に際して、城英一郎は「御告文に戦線の中間御報告文ありし由に奉る」(前掲『侍従武官城英一郎日記』)と記した。

当時の宮中の空気を、木戸幸一は次のように回想している。「大東亜戦の緒戦の成功は誠に目をみはらせるものがあり、その為め国民の間には政府の宣伝なども手つだって聊《いささ》か戦勝気分に酔ひ安易な考へがある様に私には見えた。かう云った空気は大奥の女性などの間にもあったと思ふ」(『木戸幸一関係文書』東京大学出版会、一九六六年)。「大奥の女性」が具体的にどの女官を指すのかは不明だが、それは通勤制に改められた皇后宮職よりも、むしろ旧態依然とした皇太后宮職の女官を指しているように見える。

宮中で「戦勝気分に酔」っていたのは女官ばかりではなかった。ほかならぬ天皇自身がそうであった。香港が陥落した十二月二十五日、天皇は「平和克復後は南洋を見たし、日本の領土となる処なれば支障なからむ」と述べた（前掲「小倉庫次侍従日記」）。シンガポールが陥落した翌日の四二年二月十六日には、「全く最初に慎重に充分研究したからだとつく〴〵思ふ」と話したほか、ジャワ島が陥落した三月九日にも、「余り戦果が早く挙《あが》り過ぎるよ」と話している（木・下）。

二月十八日、天皇は戦勝第一次祝賀式に際して、再び正門鉄橋に白馬に乗って現れ、宮城前広場を埋めつくした十数万の人々の歓呼に応えた。日中戦争における漢口陥落のときと全く同じパフォーマンスを行った天皇は、漢口陥落のときと同様、「神の御加護」による戦争の勝利を確信していたに違いない。戦勝第二次祝賀式の前日に当たる三月十一日にも、天皇は小倉に「明日は二重橋〔正門鉄橋〕に出るのか」と尋ねているが、このときは結局出なかった（前掲「小倉庫次侍従日記」）。

戦争の転機となる四二年六月のミッドウェーにおける敗戦に際しても、天皇の確信は揺らがなかった。六月八日、木戸はこう記している。「天顔《てんがん》を拝するに神色自若《しんしょくじじゃく》として御挙措平日と少しも異らせ給はず。今回の損害は誠に残念であるが、軍令部総長には之により士気の沮喪を来さゞる様に注意せよ、尚、今後の作戦消極退嬰《たいえい》とならざる様にせよと命じて置いたとの御話あり」（木・下）。

四二年十二月十二日、天皇はひそかに、伊勢神宮に戦勝祈願の参拝をした。前掲『昭和天皇独白録』で天皇は、「あの時の告文を見ればわかるが、勝利を祈るよりも寧《むし》ろ速《すみや》かに平和の日が来る様にお祈りした次第である」と弁明している。しかし城英一郎はこの日、「御告文　緒戦の戦勝を感謝、非常の国難に御身を以て国民を率ひられ、尚将来の神明の御加護を祈念あらせらる」(前掲『侍従武官城英一郎日記』)と記している。また後述のように、天皇は敗戦直後、伊勢神宮に戦勝を祈願したことを後悔しているから、『独白録』の弁明は必ずしも真実を反映したものではないことが明らかとなる。

### 皇太后、沼津へ疎開

それでは、この間の天皇と皇太后の関係はどうであったか。四一年八月六日の『高松宮日記』に、次のような記述がある。

大宮様、防空の御避難所、初め日光の予定なりし処《ところ》、大宮様お気に入らず(寒いのはいやと云ふ思召もあり)、先日御参内の時にお上と御話あり。例の調子にて、大宮様オヒネクレからか、お上もおこまりにて、防衛司令部の考へにては日光第一なるも、宮ノ下でもよく、沼津でもまづよろしとのことにて、その後沼津ならばよろしと〔の〕ことになる。何《な》にかあると、語気の具合で変になり、お上また余計に御心配になる。(高3)

ここでいう「宮ノ下」とは、神奈川県箱根の旧宮ノ下御用邸、当時の高松宮別邸(現・富士屋ホテル別館菊華荘)を指す。

天皇は、来るべき戦争に備えて、皇太后をどこかの御用邸か別邸に疎開させることを考えていた。しかし皇太后は、「オヒネクレ」を起こして、天皇の申し出を素直には受け入れない。「沼津ならばよろし」と話した皇太后の念頭には、沼津御用邸に近い御殿場の別邸に秩父宮が肺結核で療養していることがあったかもしれない。

皇太后がその言葉どおり、「極密にて」(小田部雄次『梨本宮伊都子妃の日記』小学館、一九九一年)東京を発って沼津御用邸に移ったのは、太平洋戦争勃発から間もない四一年十二月十七日のことであった。

もっとも、当時はまだ、皇太子も義宮も内親王も疎開してはいなかった。天皇は、新たな戦争を始めるに当たり、皇太后が東京にとどまることを恐れていたように見えるが、皇太后だけを疎開させるのは明らかに不自然であった。

皇太后の本音は、あくまで東京にとどまり、大正天皇の御影《みえい》や「神」に祈り続けることにあったように思われる。皇太后が入江相政に語ったところによれば、皇太后は「還暦過ぎたら粗相があつてはおそれ入るから賢所なども御遠慮すべきもの」として、数えで六十歳になると宮中三殿に上がらなかったが(入8)、それまでは宮中祭祀に出ており、数えで五十八歳になる四一年にも、一月三日の元始祭や四月三日の神武天皇祭、十月十七日の神嘗祭に、天皇とともに出席し続けた。その背景には、大正天皇とともに東京を空け、祭祀の日にも御用邸に滞在した皇后時代の苦い教訓があったのではないか。

四二年四月十七日、木戸幸一は沼津を訪れ、皇太后に「大東亜戦に至る迄の事情、其後の情勢」について報告した(木・下)。戦争は日本軍が有利に展開しているので、心配する必要はない――木戸が皇太后にこんなことを言えば言うほど、皇太后の疑念は強まったはずだ。日本軍が勝ち続けているのに、なぜ自分だけが御用邸に疎開しなければならないのかという疑念が――。

## 一年ぶりの「御帰還」

宮中でも、皇太后を東京に戻すべきか否かは、問題になっていたようである。木戸幸一の日記は、四二年の七月から十一月にかけて、この問題に多くのページを費やしている。以下では、その代表的記述をまとめて引用しておく。

七月十一日。午前十時四十分より十一時五十分迄、拝謁、此際大宮様へ沼津より御還啓を御勧め被遊《あそばされる》べきや否や等の件につき、種ゝ御述懐を承る。

八月二十九日。午後一時二十分より二時五分迄、拝謁、（中略）大宮様沼津より御帰京の件につき御話あり、宮相《きゅうしょう》の意向云ゝについては其中《そのうち》確むることに言上《ママごんじょう》す。

九月十八日。昨日皇后陛下沼津に行啓、皇太后陛下の東京へ還啓の思召につき、親しく御話ありたる結果、差当《さしあた》り大宮様より御願ひ被遊ざる御思召なること判明せる趣き御話あり（以下略）。

九月二十一日。大宮様の沼津より御帰還の問題に関連して、最近の米国の反攻態勢、今後の見透《みとおし》等を一度内大臣より言上し置く方宜《よろ》しからんか等の思召あり（以下略）。

九月二十三日。大宮様への言上は諸般の観点より研究の結果、今少し時期を見てのことに致度き旨、言上す。

十一月十六日。宮相去《さる》十四日沼津に至り大宮様の御還啓に関する御意向拝承の経緯を聴く。

十一月十九日。十時半、侍従長来室、大宮様十二月五日御還啓に御治定《ちてい》の旨話あり。此問題も一応落着す。（木・下）

九月十七日に皇太后が皇后に対して、まだ東京に戻らなくてもよいと話したのは、御殿場にいる秩父宮に一度会っておきたいと考えていたからだろう。天皇も皇后も訪れたことのない御殿場の秩父宮別邸に皇太后が向かったのは、九月二十八日のことであった。これ以降、皇太后は、本音を鮮明にしたと思われる。

天皇は、いっそ「最近の米国の反攻態勢、今後の見透等」をはっきり皇太后に話してしまえば、皇太后も納得して沼津に滞在し続けると考えたのだろうか。しかし木戸は、それはかえって皇太后の機嫌を損ねることにつながると判断した。皇太后の「オヒネクレ」を最も恐れていた天皇は、結局木戸に同意した。

四二年十二月五日、皇太后は約一年ぶりに大宮御所に戻った。戦況の悪化とともに、皇太子や義宮や内親王が沼津や日光、栃木県塩原に疎開したのとは対照的に、皇太后は天皇や皇后とともに、敗戦までずっと東京にとどまることになる。

大宮御所に戻って間もない十二月二十五日、皇太后は久々に大正天皇祭に出席した。数えで六十歳になる一週間前のことである。天皇は風邪のため欠席し、皇后も欠席したため、皇霊殿で拝礼したのは皇太后だけであった。

三七年六月に皇太后が伊勢神宮に参拝したさい同行した宮内次官の白根松介《まつすけ》によれば、形式だけの拝礼を嫌う皇太后が祈る時間は長く、大宮御所で御影に向かうときと同様、神前ではなにごとかを報告していた(『貞明皇后』主婦の友社、一九七一年)。おそらくこのときも、皇太后の祈りは長かったに違いない。

## 高松宮との確執

四三年四月一日、防空施設として、宮城の吹上御苑に「御文庫《おぶんこ》」が竣工した。この日、小倉は「吹上御文庫、工事完了に付、本日より両陛下、吹上に御起居御遊るることとなれり」（前掲「小倉庫次侍従日記」）と記している。

本格的な空襲はまだなかったが、四三年になっても戦況は好転しなかった。前掲『昭和天皇独白録』で天皇は、「私に〔は〕『ニューギニア』の『スタンレー』山脈《さんみゃく》を突破されてから〔四三年九月〕勝利の見込を失つた」としている。しかし実際には、天皇はそれ以降もなお、勝利の望みを捨てていなかった。

例えば、四四年一月の歌会始で、天皇は次の和歌を詠んでいる。「つはものは舟にとりでにをろがまむ大海の原に日はのぼるなり」。

この和歌を、不二歌道会代表の鈴木正男は、こう解説している。「御製の『舟にとりでに』とはその孤立無援の兵を詠み給ひ、その兵らが『大海原にのぼる大日輪を仰ぎ、日本の戦勝を祈つてをる。朕も同じやうに、戦勝を祈りつづけてをるぞ』との意味である」（『昭和天皇のおほみうた』展転社、一九九五年）。ここには、「戦勝を祈りつづけてをる」天皇の姿があるというのである。

四四年二月十一日、天皇は宮中三殿で紀元節祭を行った。侍従の徳川義寛は、日記にこう記している。「御告文三殿にてあり、大神、諸霊、諸神の御力、御救を御祈願あり」(『徳川義寛終戦日記』朝日新聞社、一九九九年)。「大神」は賢所、「諸霊」は皇霊殿、「諸神」は神殿をそれぞれ指す。戦況が好転するよう、「御力、御救」を祈願したということだろう。同じ日、侍従武官の尾形健一は、いっそうはっきりとこう記していた。「時局ヲ特ニ御軫念《しんねん》アラセラレ御告文ニ戦勝祈願ヲ併セ行ハセラレタリト洩レ承ル」(中尾裕次編『昭和天皇発言記録集成』下、芙蓉書房、二〇〇三年)。

けれども、天皇の祈りもむなしく、四四年七月にはサイパンが陥落し、東條内閣はその責任をとる形で総辞職した。秩父宮が御殿場で療養していた当時にあって、最も有力な皇族は高松宮であった。高松宮は、四三年九月の御前会議で決定された、千島、小笠原、内南洋、西部ニューギニア、スンダ、ビルマを結ぶ「絶対国防線」の一角が崩された以上、「戦争目的を、極端に云つて、如何にしてよく敗けるか、と云ふ点に置くべきものだ」(細川護貞『細川日記』上、中公文庫、一九七九年)と認識していた。ここから、戦争の継続にこだわる天皇との間に確執が生じてくる。

両者の確執は、前掲『高松宮日記』や「小倉庫次侍従日記」のほか、近衛文麿の意を受け、高松宮に各種情報を報告していた細川護貞の日記にも詳しく描かれている。四四年七月八日、細川は「高松宮殿下は最近、御上と往々《おうおう》御議論遊ばされ、先日も御上は、『高松宮は解らなくて困る』と仰せあり、又、高松宮も、『御上はなか〳〵お解りにならぬ』と仰せある等のことあり」(前掲『細川日記』上)と記している。同じ日の日記に東久邇宮稔彦《なるひこ》は、近衛と木戸が話し合い、「〔講和の〕さい、今上《きんじょう》陛下は御退位になり、皇太子に天皇の地位をおゆずりになって、高松宮を摂政とする」という結論に達したと記している(『東久邇日記』徳間書店、一九六八年)。

### 宮中祭祀は賢所仮殿で

神嘗祭の前日に当たる四四年十月十六日、「台湾東方海上敵艦撃滅」という知らせを受けた天皇は、小倉に対して「御告文に今回の戦果の事を申さずして可なりや」と尋ねたが、宮内大臣の松平恒雄はその必要はないと判断した(前掲「小倉庫次侍従日記」)。天皇は満足できなかったようで、賢所への拝礼だけで済ますべき神嘗祭では、再び皇霊殿、神殿にも拝礼した。だがそもそも、「台湾東方海上敵艦撃滅」という「大戦果」そのものが新聞の虚報であり、米国の空母はすべて健在であった。

天皇は、虚実の区別がつかなくなっていた。

宮中三殿で大祭が行われたのは、戦中期ではこれが最後であった。十一月一日、空襲警報が発令されるなか、賢所、皇霊殿、神殿が宮中三殿から、三殿西側に設けられた賢所仮殿の地下にある斎庫《さいこ》に移された。これ以降、宮中祭祀は四五年八月三十日まで、基本的に賢所仮殿で行われることになる。十一月二十三日の新嘗祭も、「吹上御苑内御文庫附属室(軍建設の防空壕内)で親祭」(前掲『徳川義寛終戦日記』)することになった。

その背景には、サイパンが陥落したことで、四四年十一月以降、米軍機による本土空襲がにわかに本格化するという現実があった。四五年一月一日の四方拝は、空襲警報が鳴り響くなかで行われた。同じ日の歳旦祭《さいたんさい》や七月三十日の明治天皇例祭になると、もはや天皇が祭祀を行うこと自体が不可能になる。

しかしながら、東條英機を継いで首相となった小磯國昭は、サイパンが陥落しても、レイテを「天王山」とすることでなお戦況を好転できると考えていた。前掲『昭和天皇独白録』で天皇は、当時の心境につき、「一度『レイテ』で叩いて、米がひるんだならば、妥協の余地を発見出来るのではないかと思ひ、『レイテ』決戦に賛成した」と弁明している。

天皇のこうした心境は、他の史料からも裏付けられる。四五年二月に有名な「近衛上奏文」を出した元首相の近衛文麿も、同年五月十三日に海軍軍人の高木惣吉に対して、天皇は「一度叩イテカラ終結スルトイフコトニ御期待ガアル」と述べている(『高木惣吉　日記と情報』下、みすず書房、二〇〇〇年)。

## 皇太后の和歌の謎

なぜ天皇は、この段階になっても依然として「一度叩」くことにこだわったのか。四五年一月二十日の『高松宮日記』に、注目すべき記述がある。

一八日、キク子大宮御所ニ上リシ節、時局何ントシテモヨイト思ヘヌ、宮内省ニ人ナク何ニモサセヌカラ歌ニヨンデ神様ニ願ツテバカリオルガ、ドウカシテ予告ナドセズホントニ働イテヰ《い》ル人々ノ処ニスート行ツテ一言デモ言葉ヲカケタラト思フ、今ナラソレガ効果アルト考ヘルガ、先キニハソレモ意味ナイコトニナルデアラウ。自分ハ此ノ頃ハ特ニ身体ニ気ヲツケテ以前ヨリ早クモネルシ大切ニシテオル。ドンナニ人ガ死ンデモ最後マデ生キテ神様ニ祈ル心デアル云々。（高8）

一月十八日、「キク子」、つまり高松宮妃喜久子は大宮御所で、「ドンナニ人ガ死ンデモ最後マデ生キテ神様ニ祈ル心デアル」という皇太后の言葉を聞いた。この記述は、高松宮妃から聞いた皇太后の言葉を、高松宮がそのまま記録したものであろう。「時局何ントシテモヨイト思ヘヌ」という言葉は、おそらく四四年十一月から東京への空襲が本格化したことを指している。

しかし、たとえ空襲がどれほどひどくなり、どれほどの犠牲者が出ようと、自分は最後まで生きて「神」に祈り続ける——皇太后はこう言い放ったというのである。

高松宮妃の話を聞いて驚いた高松宮は、翌二十一日、宮内大臣や宮内次官らを呼び、その話をそれぞれに伝えている。

続いて一月二十二日、歌会始で披露された皇太后の和歌は、新聞によれば次のようなものであった(お題は「社頭寒梅」)。

しつまれる神のこゝろもなこむらむあけゆくとしの梅のはつ花

(『朝日新聞』一九四五年一月二十三日)

穏やかな歌である。新年を迎え、梅の初花が咲いているのを見れば、神社に鎮まる神の心もなごむだろう——歌意もわかりやすい。

だが、前掲『貞明皇后御歌集』には、これとは全く違った次の歌が収められている。

かちいくさいのるとまゐるみやしろのはやしの梅は早さきにけり

一転して勇ましい歌である。戦勝を祈るために社殿に参ると、そこにある林の梅は早くも咲いていた、というのである。

両者の関係は、『貞明皇后御歌集』に収められた方がオリジナルで、新聞に掲載された方はその修正版だったと思われる。工藤美代子『母宮貞明皇后とその時代』(中央公論新社、二〇〇七年)は、『御歌集』所収の和歌の「早さきにけり」を「早ちりにけり」と読み違えた上、「この時分になりますと貞明様のお気持ちの中で勝利への希望が散った感じがうかがえます」と述べているが、真相は正反対である。ちなみに、このときの天皇の和歌は、当時の新聞も前掲『昭和天皇のおほみうた』も、同じ「風さむき霜夜の月に世をいのるひろまへきよく梅かをるなり」が収められている。

なぜ皇太后の和歌だけが、急遽、別のものにさしかえられたのか。

それは宮中関係者が、和歌を通して皇太后のあまりに神がかった態度が国民に知られるのを恐れたからではなかったか。当時は統制下にあった新聞ですら、「仇敵《きゅうてき》米英の侵寇《しんこう》は遂に比島を決戦場と化し、戦局は日々に深刻苛烈を加ふる」(『朝日新聞』一九四五年一月九日)ことを伝えていたのである。

さらに推測すれば、『貞明皇后御歌集』所収の和歌は、前述した四二年十二月二十五日の大正天皇祭にちなんでいたのではないか。「昭和7年8月から平成元年10月までに観察、又は採集したものの記録」である生物学御研究所編『皇居の植物』(保育社、一九八九年)によれば、ウメは皇居内の複数の箇所で植えられており、宮中三殿に付属する綾綺殿付近にもあった。開花は年によって違い、戦前は不明だが、戦後は十二月に咲き始めた年もある。十二月二十五日に咲いていたとしてもおかしくはない。

天皇も皇后も出なかった大正天皇祭で、皇太后はひとり「かちいくさ」を祈った。「みやしろ」、つまり宮中三殿で早くも咲き始めた梅の花。それはまぎれもなく、勝利の象徴であった。皇太后は四五年一月の時点でも、自らの祈りが強まりこそすれ弱まってはいないことを示そうとしたように見える。

皇太后の脳裏には、新羅との戦争に際して、「暫く男《ますらお》の貌《すがた》を仮りて、強《あながち》に雄《おお》しき略《はかりこと》を起さむ」（前掲『日本書紀』二）と述べた、あの神功皇后がなかったであろうか。『日本書紀』によれば、神功皇后は「神祇《あまつかみくにつかみ》の教《みこと》を被《う》け、皇祖《おおみおや》の霊《みたまのふゆ》を頼《こうぶ》りて」、この戦争に勝った。伝説は二十世紀に現実と認識されたのである。

## 強まる神がかりの傾向

歌会始から一週間後の一月二十九日、木戸は日記にこう記している。

午前十時四十分より十一時二十五分迄、御文庫にて拝謁。保科〔武子〕女官長の御使として大宮御所に参向したることに関聯《かんれん》し、戦争に対する大宮様の御心境等につき種々御話あり。右は極めて機微なる問題故、宮相とも相談し篤《とく》と考慮すべき旨奉答す。十一時半、宮相を其室に訪《おとな》ひ、右の件につき相談す。結局、戦争につき綜合的の御話を内大臣より申上るを可とすべしとの結論に達す。（木・下。傍点引用者）

木戸が皇太后に「戦争につき綜合的の御話」をするべく、「戦局の推移、見透、世相等につき委曲奏上」したのは、二月二十日のことであった(同)。前述のように、四二年九月の時点ではまだ、「大宮様への言上は諸般の観点より研究の結果、今少し時期を見てのことに致度」と判断していた木戸は、ようやく皇太后に向かって、戦況の悪化をつぶさに報告する必要を痛感したのだろうか。

この時期の皇太后に注目する在野の歴史家の鳥居民《たみ》は、「皇太后は天皇からの使いに向かって、いつまで戦争をつづけるつもりか、この戦争をやめるわけにはいかないのかとあらためて問」うたとする(『昭和二十年』第一部9、草思社、二〇〇一年)。けれども、もしそうなら、皇太后の認識は高松宮や近衛と変わらなかったということになる。

そうではあるまい。「極めて機微なる問題」という木戸の言い回しは、「戦争に対する大宮様の御心境」が、日記に書くのもはばかられる状態にあったことを暗示しているからだ。

なお一月三十一日には、大宮御所で皇太后に会った元宮内次官の関屋貞三郎も、「非常時ノ認識極メテ深ク渡ラセラレ、難局ニ対スル御思召モ拝察スルダニ畏キ思ヲ為セリ」と記している(国立国会図書館憲政資料室所蔵「関屋貞三郎日記」。原文は読点なし)。前述のように、妻の衣子とともに大正末期から皇太后と親交があった関屋ですら、「拝察スルダニ畏キ思」としか記さなかったところに、かえって覚悟を固めた皇太后の心境が暗示されているかのようだ。「かちいくさ」を祈る皇太后は、戦況の悪化に反比例するかのように、神がかりの傾向を強めつつあった。

天皇は、そのような皇太后に手を焼きつつも、影響を免れなかったのではないか。

## 「努力と神力によって」

太平洋戦争期の天皇は、宮中祭祀を継続しながら、祭祀権を事実上皇太后に奪われる格好になっていた。皇太后の念頭には神功皇后があったように見えるが、伝説ではなく歴史的に見れば、この時期の皇太后は、むしろ琉球王国における聞得大君《きこえおおぎみ》と比較されるべきだろう。琉球には、行政権をつかさどる国王のほかに、祭祀権をつかさどり、国王の姉妹や王妃、王母が任命される聞得大君という女性がいたからである。聞得大君が国王になった例はないが、祭祀権が行政権を超えて効力を発揮した可能性は指摘されている(小島瓔禮「琉球の王権儀礼」、前掲『岩波

講座　天皇と王権を考える』第五巻所収)。

一方で、天皇と高松宮との確執もまた、ますます激化した。一九四五年二月一日、高松宮は細川にこう語っている。「御上は防空壕中にて御生活にて、周囲には皇后陛下の外女官のみにて、一切皇族を御近附け被遊《あそばされ》ず、(中略)自分も今年になつて一度拝謁しただけで、御話申したことはない」(前掲『細川日記』下)。

これは意味深長な発言である。言うまでもなく女官の背後には、女官に強い影響力をもつ皇太后がいるからである。

同月、天皇は重臣から意見を聞く機会をようやく設けた。

周知のように、このとき一人だけ、戦争の即時終結をはっきりと主張したのが近衛文麿であった。前述の「近衛上奏文」がこれである。近衛の主張は、高松宮と一致していた。「モウ一度戦果ヲ挙ゲテカラデナイト中々話ハ難シイト思フ」と述べた天皇に対して、近衛は、「ソウ云フ戦果ガ挙ガレバ誠ニ結構ト思ハレマスガ、ソウ云フ時期ガ御座イマセウカ」と答えた(前掲『木戸幸一関係文書』)。

両者のやりとりは、「近衛は極端な悲観論で、戦を直ぐ止めたが良いと云ふ意見を述べた。私は陸海軍が沖縄決戦に乗り気だから、今戦を止めるのは適当でないと答へた」(前掲『昭和天皇独白録』)という天皇自身の回想からも裏付けられる。

三月六日、天皇は日光に疎開していた皇太子に手紙を書いた。そこには、「空襲見舞ありがたう　戦争は困難ではあるが　最善の努力と神力によつて時局をきりぬけやうと思つて居る　祈念にたいしては　ありがたく思つて居る」(橋本明『昭和抱擁』日本教育新聞社、一九九八年。傍点引用者)と記されていた。

## 高松宮の天皇批判

小磯内閣の発足とともに設置された最高戦争指導会議では、四四年十月から天皇の伊勢神宮参拝が問題となっていた。「決戦ノ時期」が迫っているので、天皇にもう一度伊勢に行ってもらい、「軍ノ士気」を高めようというのである(伊藤隆、武田知己編『重光葵《まもる》最高戦争指導会議記録・手記』中央公論新社、二〇〇四年)。結局、この参拝は高松宮が名代となり、四五年四月に実現されることになった。

四五年四月五日、天皇は高松宮に御告文を渡した。徳川義寛は、「御告文の内容は口外すべきものではありませんが、趣旨としては『戦争がこのようになった、いままでの戦果にお礼申し上げ、相手の国も含む各国各人がそれぞれの所を得て共存していくように願う』といったものでした」(前掲『侍従長の遺言』)と回想している。

しかし高松宮は、その御告文について、「要スルニ戦争ガウマクユカヌ、国際関係ガヨクユカヌ、内政上ニモ面白クナイコトガアル、ト云フ莫トシタコト、ソシテ今後戦局ガヨクナルヤウニト云フダケデヨイトノコト。又例ノ通リ仝《おな》ジコトヲ繰リ返ヘシニナリ、神様ニハソレデヨイデセウガ、私ニハノミコメヌ」(高8)と天皇を批判した。「神様ニハソレデヨイデセウガ」には痛烈な皮肉がこもっている。

そのころ沖縄では、激しい地上戦が繰り広げられていた。四月一日から沖縄本島への米軍上陸が始まり、七日に小磯内閣に代わり鈴木貫太郎内閣が成立しても、天皇の戦争継続の意思は揺るがなかった。天皇は、たとえ沖縄戦に敗れても、「唯一縷《いちる》の望みは、『ビルマ』作戦と呼応して、雲南を叩けば、英米に対して、相当打撃を与へ得るのではないか」(前掲『昭和天皇独白録』)と考えていたようである。しかし天皇の考えは、参謀総長の梅津美治郎《よしじろう》に「補給が続かぬ」(同)と反対された。

## 和平へ、方針転換

本土でも、米軍の空襲はいっそう激しさを増していた。東京では、三月十日未明の大空襲に続いて、五月二十五日深夜にも大規模な空襲があった。米軍は宮城を意図的にねらうことは避けており、宮中三殿や御文庫は無事だったが、参謀本部からの飛び火がもとで宮殿が焼けたほか、大宮御所も全焼した。皇太后は、大宮御所内にあった防空施設に移り住んだ。

その二日後、高松宮はこう記した。

大宮様〔皇太后〕ト御所〔天皇〕トノ御仲ヨクスル絶好ノ機会ナレバオ上カラ御見舞ニ行ラッシヤルナリ赤坂離宮ニオ住ミニナル様御ス丶メナリ遊バシタ〔ラ〕ヨイトノ事カラ、マタ私手紙カイテソノ事申シ上グ。（高8）

高松宮は、大宮御所の全焼を悲しむどころか、「大宮様ト御所トノ御仲ヨクスル絶好ノ機会」ととらえていた。この不幸を母子がいたわり合う機会とすることで、長年にわたる両者のわだかまりを解消させたいという思いのあらわれといえようか。

しかし実際には、そうはならなかった。

四五年六月十四日、天皇と皇后はひそかに大宮御所を訪問した。緊張感からだろうか、訪問する前から「御気分悪しくならせられ」（前掲「小倉庫次侍従日記」）、「御嘔吐」（同）までした天皇は、皇太后に会うや軽井沢への疎開を強く勧めたようだが、皇太后は断った。予定より三十分遅れて宮城の御文庫に戻ると、天皇は倒れ込むようにして床に着き、二日間にわたって寝込んだ。

天皇は開戦以来、風邪をひいたり、宮中祭祀を休んだりしたことはあっても、政務を休むことは一度もなかったが、初めて前例を破ったのである。この出来事に注目する在野の歴史家、半藤一利は、天皇の心境の変化をこう推測する。「このわずかな二日間、天皇は輾転反側《てんてんはんそく》する想いで悩んだと思われる。何を考え何を決意したかは、想像する以外はない。しかし、健康を回復して再び政務室に姿を現したとき、その顔は和平の方へ向けられていた」(『聖断』PHP文庫、二〇〇六年)。

鋭い指摘である。ずっと「かちいくさ」を信じて「神」に祈り続けていたのに、木戸に冷水を浴びせられた皇太后から、天皇はまたしても厳しく詰問されたに違いない。このとき、皇太后が「神罰」という言葉を使ったかどうかは定かでないが、天皇は精神的ショックのあまり、しばらく立ち上がることができなかった。

そこから立ち上がったとき、天皇はようやく、皇太后という呪縛から脱却し、近衛や高松宮ら宮中グループに歩調を合わせることを決意したのではないか。六月二十二日、天皇自らが召集した最高戦争指導会議の席上、天皇が従来の方針を転換し、直ちに戦争終結工作に着手すべきだとの意思表示を行ったゆえんである。

## 「三種の神器」の確保が第一

だが、天皇が戦争を終結させようとした究極の目的は、「三種の神器」の確保にあった。四五年七月二十五日の『木戸幸一日記』と『昭和天皇独白録』には、それぞれ次のような記述がある。

爰《ここ》に真剣に考へざるべからざるは三種の神器の護持にして、之を全ふし得ざらんか、皇統二千六百有余年の象徴を失ふこととなり、結局、皇室も国体も護持〔し〕得ざることとなるべし。

（木・下）

敵が伊勢湾附近に上陸すれば、伊勢熱田両神宮は直ちに敵の制圧下に入り、神器の移動の余裕はなく、その確保の見込が立たない、これでは国体護持は難しい、故にこの際、私の一身は犠牲にしても講和をせねばならぬと思つた。

（前掲『昭和天皇独白録』）

ここには明らかに、東宮御学問所時代に杉浦重剛と白鳥庫吉から受けた教育の影響が見られる。天皇は杉浦から、「三種の神器」の重要性を学ぶとともに、十代のうちに歴代天皇の陵を参拝することで、「百二十四代」の天皇であることを実感するようになった。天皇がこだわった「国体」の護持というのは、「万世一系」の皇室を自分の代で終わりにしてはならないということであり、国民の生命を救うのは二の次であった。

敗戦直後に天皇は、日光にいた皇太子にあてて手紙を書き、「今度のやうな決心をしなければならない事情」について、「戦争をつゞければ　三種神器を守ることも出来ず　国民をも殺さなければならなくなったので　涙をのんで　国民の種をのこすべくつとめたのである」と説明している(高橋紘『象徴天皇』岩波新書、一九八七年)。「三種神器」が一、「国民」が二という順序は変わっていない。

### 玉音放送、大東亜共栄圏へ

周知のように天皇は、四五年八月十日未明と十四日に御文庫地下壕で開かれた御前会議で、ポツダム宣言を受諾するという「聖断」を下し、十四日に政府がこれを連合国側に通告した。同じ日の夜、天皇は宮内省で、「終戦の詔書」を録音した。

これより先、八月十二日には、高松宮が木戸に、「今回の件を大宮様に申上ぐることにつき考へ置く様に」と話している(木・下)。

八月十五日の正午、玉音放送がラジオを通して、「大東亜共栄圏」全体で同時に流れた(竹山昭子『玉音放送』晩聲社、一九八九年)。これほど多くの人々が、天皇の声を同時に聞くのは初めてであった。戦中期にずっと続いてきた「時間支配」が、天皇を主体として、ついに「大東亜共栄圏」にまで拡大されたのである。

然レトモ朕ハ時運ノ趨《おもむ》ク所堪ヘ難キヲ堪ヘ忍ヒ難キヲ忍ヒ以テ万世《ばんせい》ノ為ニ太平ヲ開カント欲ス——独特の抑揚を伴ったその声は、まぎれもなく、「お濠の内側」で天皇が御告文を読み上げるときの声にほかならなかった。

# 第五章　退位か留位か

広島市を訪れ，旧護国神社前の奉迎式で市民の万歳に応える昭和天皇
(1947 年 12 月 7 日．提供：朝日新聞社)

## 天皇とマッカーサー

戦争に伴う空襲は、東京を焼け野原にした。宮城でも宮殿が全焼したため、戦争が終わっても天皇が御文庫を離れることはなかった。

しかし、宮中三殿は類焼を免れた。連合国軍最高司令官ダグラス・マッカーサーが神奈川県厚木に降り立った四五年八月三十日、賢所仮殿の地下斎庫に避難していた賢所、皇霊殿、神殿が、宮中三殿に戻ってきた。

九月一日、天皇は十一カ月ぶりに宮中三殿を訪れ、旬祭に出席した。宮中三殿における祭祀の再開である。入江相政は、「今朝は旬祭に付御参で御直衣《のうし》で以前のまゝに御親拝、予御剣奉仕」と記している(入3)。その二日後、天皇は黄櫨染御袍《こうろぜんのごほう》を着用し、再び宮中三殿を訪れて戦争終結を皇祖皇宗に報告した。

侍従の徳川義寛は、「この時の御告文はもちろん表には出ていません。でも、終戦の詔書を踏まえて作られていて、『国民と共に再建に歩む』との趣旨が入っていました」(前掲『侍従長の遺言』)と回想する。徳川の回想から推測する限り、御告文には自らの戦争責任を問う言葉も、退位に触れる言葉もなかったと思われる。

当時の米国では、世論はもとより、政府や議会にも天皇を戦争犯罪人として裁くべきだとする声が多かった。しかし周知のようにマッカーサーは、占領統治を円滑に進めるためには天皇を利用した方が得策だという政治的判断をしており、天皇制の廃止はもちろん、昭和天皇の戦犯指名も退位も考えてはいなかった。後述するように、天皇はやがて退位すべきか留位すべきかで迷うことになるものの、それ以外の点に関しては、マッカーサーの見解と奇妙なまでに一致していた。九月二十七日に開かれた第一回天皇・マッカーサー会見は、日米合作による天皇の免責工作の始まりを意味していた。

天皇とマッカーサーが並んだ写真が新聞に掲載されたのは、その二日後のことであった。天皇の写真が新聞に掲載されること自体はそれまでもあったが、この写真は日本の敗北を白日のもとにさらしたという点で、絶大な効果をもつことになった。元海軍軍人の渡辺清は、「天皇は、元首としての神聖とその権威を自らかなぐり捨てて、敵の前にさながら犬のように頭をたれてしまったのだ。敵の膝下にだらしなく手をついてしまったのだ。それを思うと無念でならぬ。天皇にたいする泡だつような怒りをおさえることができない」(『砕かれた神』岩波現代文庫、二〇〇四年)と述べた。

しかし、渡辺のような感情を抱いた日本人は少数派であった。十二月九日の『読売報知』に発表された世論調査によれば、九五％が天皇制支持であり、反対はわずか五％にすぎなかった。

四六年二月四日の『毎日新聞』でも、天皇制支持は九一％にのぼった。天皇自身やマッカーサーと同様、ほとんどの日本国民もまた天皇制の存続を望んでおり、昭和天皇の責任を独自に追及することはなかった。

## 「神の御力」にすがる発想

天皇は十月十一日、木戸に対して「伊勢神宮に親拝したいがどうだらうか」と話した（前掲『木戸幸一関係文書』）。「陛下の此思召は真に純真に祖宗に対し御詫びがなさりたいと云ふ御気持」（同）であったと木戸が記しているように、天皇は何よりも皇祖皇宗に対する責任を痛感していた。問題は、マッカーサーがこれを許すかどうかであった。「ところがマ司令部からの回答は意外にも誠に好意的なもので、伊勢神宮御親拝の為めの行幸は少しも差支なく、司令部としては出来る丈《だけ》の警護をするとのことであったので、それから準備を進めて十一月十二日に愈々《いよいよ》御出発になったのであった」（同）。

十一月十三日、天皇は伊勢神宮を参拝した。四二年十二月十二日の戦勝祈願から、ほぼ三年ぶりの参拝であった。木戸はこう記している。「沿道の奉迎者の奉迎振りは、何等の指示を今回はなさゞりしに不拘《かかわらず》、敬礼の態度等は自然の内に慎《つつしみ》あり、如何にも日本人の真の姿を見たるが如き心地して、大《おお》いに意を強ふしたり」（木・下）。新聞の世論調査の結果が、視覚的にも裏付けられたわけである。木戸はさらに、「戦争の責任云々などの理屈は超越して皇室と国民とのつながりは何か目に見えないあるものがあるのではないかと思はせられた」(前掲『木戸幸一関係文書』)と書いたが、だからといって天皇の戦争責任までもが免れると考えていたわけではなかった。

このときの御告文の内容については、十月二十三日に侍従次長となった木下道雄の『側近日誌』(文藝春秋、一九九〇年)に天皇の発言が記録されている。「九月三日の御告文と同様の趣旨にてよし。神の御力によりて国家の再建と世界平和確立に尽くさんとす」(傍点引用者)。

戦争終結を宮中三殿に報告したときと同じ御告文が読まれたとすれば、ここでも退位には言及されなかったことになる。だが天皇は、三年前に自らが伊勢神宮で行った祈りを、明らかに反省していた。四六年一月十三日、天皇は木下にこう述べていたからである。

戦時後半天候常に我れに幸いせざりしは、非科学的の考え方ながら、伊勢神宮の御援《たす》けなかりしが故なりと思う。神宮は軍の神にはあらず平和の神なり。しかるに戦勝祈願をしたり何かしたので御怒りになったのではないか。(同)

この言葉は、天皇に「神罰」が当たると警告し、戦時中は「かちいくさ」を祈り続けた皇太后に対する批判のように見える。もし「神罰」が当たったとすれば、それは「平和の神」であるはずのアマテラスに戦勝を祈願したからだ――天皇はこう言いたかったのかもしれない。しかし「軍の神」であろうが「平和の神」であろうが、「神の御力」にすがる発想そのものは、敗戦前と少しも変わっていない。

## 「神・大宮様・国民」

天皇は、伊勢神宮への参拝と相前後して、神武、明治、大正の各天皇陵にも参拝したが、歴代の天皇陵をいま一度回り、謝罪したいという強い気持ちをもっていた。それができないことがわかっても、侍従の代拝という従来の形式では満足しなかった。天皇は、高松宮をはじめとする皇族が代拝すべきだと考え、十一月二十九日の皇族会議で正式に依頼した。高松宮はその目的を、「『今回ノ戦争ノカヽル終戦ニツキテハ陛下御不徳ノ致ス処ト思召サレ、ソレヲ謝セラレ、日本今後ノ復興ニ対シ御加護ヲ祈ラセラル』思召ヲ伝フニアリ」(高8)と記している。

十一月二十日、最後の臨時大祭に相当する大招魂祭に合わせて、天皇は靖国神社に参拝した。その三日後には、神嘉殿で戦後初の新嘗祭を行った。実は十九日から、天皇は体調を崩していたが、木下にこの日、「明日の行幸は大切なれば是非行く」と話しており、二十二日にも「神に対し大宮様に対し、又国民に対し、是非明日は祭に出る、たとえ少々病気になりても差支えなし」と話していた(前掲『側近日誌』)。

新嘗祭の前日に天皇が語ったこの言葉は重要である。なぜならそこには、天皇が責任を感じる対象は第一に「神」であり、第二に「大宮様」であり、その次が「国民」であることが露呈されているからである。

しかし占領期の天皇は、新嘗祭を続けることにはこだわっても、靖国神社への参拝はこれ以降なかった。中村直文・NHK取材班『靖国』(日本放送出版協会、二〇〇七年)によれば、それはほかならぬ天皇自身の意思だったという。参拝という行為が外交問題に発展するのを避ける政治的配慮もさることながら、天皇にとってまず重視すべきは宮中祭祀という思いがあったのかもしれない。

## 「御退位被遊が至当なり」

自らの祈りが届かなかった皇太后にとって、敗戦とは一体何を意味したのであろうか。

皇族の一人で、やはり戦勝を祈り続けた梨本宮妃伊都子《いつこ》は、八月十五日の日記に「今後は神の御力のあらんかぎり米英の人々を苦しめなければ、うらみははれぬ。どうしてもこのうらみははらさねばならぬア、、、ーーー」(前掲『梨本宮伊都子妃の日記』)と書いたが、皇太后の心境を知ることのできる史料は残っていない。ただし三笠宮妃百合子によれば、皇太后は大宮御所の防空壕で玉音放送を聞き、「いろいろ大正天皇の御影様にご報告をされた」（前掲『母宮貞明皇后とその時代』）という。

皇太后は、八月十七日に宮城を訪問し、天皇、皇后と昼食をともにし、午後に話し合っている。どういう言葉が交わされたのかは無論わからない。皇室評論家の河原敏明は、「思いつめた様子の天皇に比べて皇太后はその人柄のせいか、淡々たる態度であったといわれる」（『昭和天皇とその時代』文春文庫、二〇〇三年）と記している。

けれども、皇太后は決して過去を水に流し、戦争を忘れようとしたわけではなかった。敗戦が決まってからも、皇太后は公式のお出ましに際して、戦中期と同じモンペ姿を通したが、それは「一人くらい戦争を忘れない人がいてもいいでしょう」という過去へのこだわりに根差していた（前掲『母宮貞明皇后とその時代』）。あるいは、梨本宮妃と同様の敗戦を認めたくない感情が、皇太后をして戦中期と同じ格好を通させしめたのかもしれない。

八月二十日に軽井沢に向かった皇太后は、十二月五日に再び東京に戻り、七日に参内した。十三日には、天皇が皇后とともに大宮御所を訪れている。

その三日前に当たる十二月十日には、木戸が戦犯容疑者として巣鴨プリズンに収監されるに先立ち、天皇が木戸を晩餐に招いている。このとき天皇に述べた言葉につき、木戸は収監中の五一年十月十七日の日記で、次のように回想している。

陛下に御別れ申上たる際にも言上し置きたるが、今度の敗戦については何としても陛下に御責任あることとなれば、ポツダム宣言を完全に御履行になりたる時、換言すれば媾《ママ》和条約の成立したる時、皇祖皇宗に対し、又国民に対し、責任をおとり被遊《あそばされ》、御退位被遊が至当なりと思ふ。（中略）若《も》し如斯《かくのごとく》せざれば、皇室丈《だけ》が遂に責任をおとりにならぬことになり、何か割り切れぬ空気を残し、永久の禍根となるにあらざるやを虞《おそ》れる。

（粟屋憲太郎「解説5」、『東京裁判資料・木戸幸一尋問調書』大月書店、一九八七年、所収）

ここで木戸は、天皇のロジックを逆手にとっている。第一に皇祖皇宗に対して、第二に国民に対して責任をとるには退位しかない。そのタイミングは講和条約が成立したときだというのである。「予《かね》てお互に話合って居り、私の心境はすっかり承知のことと思ふから、充分説明して貰ひたい」（木・下）と語る天皇はこのとき、講和成立とともに退位することを決意していたようにも読める。

だがもし天皇が、「神」に戦勝を祈り続けた戦中期の祈りを悔い改め、平和を祈り続ける決意を固めていたとすれば、退位しなくても責任をとる道が開けることになる。少なくとも天皇自身がそう考えていた可能性も否定できない。

## 皇太后の摂政就任案?

皇太后は、木戸と同じ考えだったようである。

皇太后は、四五年十二月十七日から沼津御用邸に滞在していた。四六年三月十九日に御用邸を訪れた木下道雄は、皇太后から「御退位のことにつきては、しかるべき時期を見て決行さるることを可とせらるるにあらずやと思わるる御言葉」(前掲『側近日誌』)を聞いている。つまり皇太后もまた、「しかるべき時期」に天皇は退位した方がよいのではないかと言ったというのである。

前掲『日本書紀』二によれば、神功皇后は新羅との戦争に際して、「事就《な》らずは、吾独《われひとり》罪有れ」と話した。戦争に負けた場合には、自分ひとりが罪を負うとしたのである。ところが皇太后は、自らの責任について言及した形跡がない。それどころか、敗戦の責任をすべて天皇の祈りの足りなさに帰しているように見える。

驚くべきことに、皇太后が摂政になる可能性があったという説まである。

河原敏明は、敗戦の暁には皇太后が摂政につくつもりであったとし(前掲『昭和天皇とその時代』)、元侍従の村井長正は、四八年十月頃に「貞明皇后摂政ご就任案」があったとする(橋本明「封印された天皇の『お詫び』」、『新潮45』一九八七年一月号所収)。だが皇室典範によれば、皇太后が摂政になる順位は、親王および王、皇后に次ぐ三番目であった。

## 温存された宮中祭祀

ＧＨＱが神道指令を発したのは、賢所御神楽の儀に当たる十二月十五日であった。

一般に神道指令は、国家神道の解体を目指したとされているが、宮中祭祀についてはほとんど触れていなかった。宗教学者の島薗進が、「その〔神道指令の〕前提は、皇室〔宮中〕祭祀と神社神道をはっきり分け、前者はおおよそのところ国民にとっての信教の自由という問題領域の枠外にあるものとする考え方である」（「戦後の国家神道と宗教集団としての神社」、圭室《たまむろ》文雄編『日本人の宗教と庶民信仰』吉川弘文館、二〇〇六年、所収）と指摘する通りである。こうして宮中祭祀は、戦後もなお温存されることになる。

四六年一月一日に発表された「新日本建設ニ関スル詔書」は、天皇の「人間宣言」といわれることが多い。しかし木下が、「日本人が神の裔《すえ》なることを架空と云うは未だ許すべきも、Emperor を神の裔とすることを架空とすることは断じて許し難い。そこで予はむしろ進んで天皇を現御神《あきつみかみ》とする事を架空なる事に改めようと思った。陛下も此の点は御賛成である。神の裔にあらずと云う事には御反対である」（前掲『側近日誌』）と記しているように、天皇は決して、自らを「神」の子孫と見なすことを否定したわけではなかった。なぜならそれを否定すれば、宮中祭祀の根幹が崩れてしまうからである。

## 植物への関心も

天皇は二月十九日と二十日、川崎と横浜に日帰りの行幸をした。いわゆる戦後巡幸の始まりである。これは「神」と「大宮様」に謝罪した天皇が、今度は「国民」に声をかけたいという希望のあらわれであり、やはりGHQに受け入れられた。初めて一般の人々にかける天皇の声はマイクに収録され、後日ラジオで放送されたが、そこで収録されたのは国民に対する謝罪の言葉ではなく、「あ、そう」という甲高い声であった。御告文や詔書のような文体に慣れていた天皇は、口語で話すことに慣れていなかった。

慣れない行幸のせいか、天皇は二月二十一日の仁孝天皇百年式年祭を休んだ。その翌日、首相の幣原喜重郎が、御文庫にいた天皇のもとを訪れ、GHQが一週間で作成した新憲法案を初めて見せた。天皇は象徴とされながらも、憲法でその地位が保障されることになったのである。天皇は内諾を与えた。

三月六日、天皇が述べた言葉を、木下はこう記している。「御退位につきては、それは退位した方が自分は楽になるであろう。今日の様な苦境を味わわぬですむであろうが、秩父宮は病気であり、高松宮は開戦論者でかつ当時軍の中枢部に居た関係上摂政には不向き。三笠宮は若くて経験に乏しいとの仰せ」（前掲『側近日誌』）。ここで天皇は、もし自分が退位すれば摂政を立てることになるが、現実的には摂政にふさわしい親王がいないと考えている。皇太子はまだ十二歳で、摂政の候補たりえなかった。

御用邸滞在も再開された。天皇は四月一日から十二日まで、皇后、義宮、三人の内親王とともに、葉山御用邸に滞在した。このため、四月三日の神武天皇祭を休んだが、天皇が大祭の日に東京にいないのは、大礼前に当たる二八年の神武天皇祭以来のことであった。掌典長も服喪中だったため、高松宮が代拝をつとめた。天皇は、「摂政には不向き」と語っていたにもかかわらず、四五年四月の伊勢神宮参拝、同年十二月の天皇陵参拝に続いて、またしても高松宮に代拝させたことになる。

天皇に同行した徳川義寛は、四月三日の日記に「お祭の日につき、御採集はなし」（前掲『徳川義寛終戦日記』）と書いた。四一年までのように、天皇が船で相模湾に出向くことはなかったが、徳川の日記は三日以外の日に、天皇が御用邸付近の海岸で「御採集」をしたことを示唆している。

天皇はヒドロ虫類や変形菌に加えて、植物に対する関心も広げつつあった。厚生大臣の芦田均は、四六年五月三十日の日記にこう記している。

陛下は〃きばなのばら文字〃という野草を宮城内で沢山採取して皇族方にも御贈りしてゐると申された。臣下の中に誰もこの草のことを承知してゐる者がなかつた。陛下の御話によるとこの〃きばなのばらもぢ《ママ》〃は西洋の草花であるが宮城内では夙《つと》に野草化して繁殖した、今ではその花を食用にしてゐるが美味だと仰せられた。

陛下は又酵母菌の実体を捉え得たと頗《すこぶ》る御満悦の如くであつた。（芦1）

天皇は、戦中期に御文庫での生活を続けるうちに、吹上御苑の豊かな自然に関心をもつようになった。天皇が船で相模湾に出向き、ヒドロ虫類の採集を再開するのは、四八年一月であった。同年七月には、那須御用邸でシダ・種子植物の研究も始めている。四九年には、海産生物に関する最初の本『相模湾産後鰓類図譜』を出版した（前掲『天皇陛下の生物学ご研究』）。宮中祭祀と同様、生物学研究もまた、戦後に受け継がれたのである。

## 革命を恐れて

四六年五月三十一日と十月十六日に開かれた第二回、第三回の天皇・マッカーサー会見では、新憲法が話題となった。天皇はマッカーサーに、それぞれ「憲法制定に力を貸してくれてありがとう」（前掲『侍従長の遺言』）、「戦争抛棄《ほうき》の大理想を掲げた新憲法に日本は何処迄も忠実でありませう」(山極晃、中村政則編『資料日本占領1　天皇制』大月書店、一九九〇年)と話している。

天皇がマッカーサーに擦り寄る背景には、共産党の合法化や東西冷戦という、戦前とは全く違う政治状況があった。四六年五月一日、宮城前広場で開かれた戦後初のメーデーには、五十万人が集まった。「天皇制打倒」「人民政府樹立」を叫ぶ勢力が、宮城のすぐ目の前まで迫ってきたのである。五月十二日には、世田谷区民代表のデモ隊が坂下門をくぐり、宮城に入るという事件まで起きていた。

こうした革命前夜のような状況もまた、天皇をして当面の退位を踏みとどまらせる動機につながったのではないか。第三回会見では、天皇がストライキに対する不安を強く訴えたのに対して、マッカーサーは「共産主義者は、教育なき者に色々と口約束をし、勢力を獲得して、軍閥がやつた様に、日本国民に『レジメンテーション』(組織化)を行はうとして居ります。極右、極左何れも危険であります。日本は何れにも片寄らず真中の大道である民主々義を行くべきだと存じます」と述べた(前掲『資料日本占領1　天皇制』)。天皇が何よりも恐れていたのは革命であり、マッカーサーも同じ判断をしていた。

## 戦後巡幸と熱狂的歓迎

ところが地方では、東京とは全く異なる状況が見られた。天皇は四六年に一都八県、四七年に一府二十二県を訪問したが、各地で熱狂的な歓迎を受けた。「反響は、政府もＧＨＱも予期しなかったほど爆発的であった。群衆は、列を崩して押し寄せ、帽子は飛び、靴はぬげ、老人子供は、押し倒されて悲鳴をあげた。警察官や侍従は、天皇のまわりを固めたが、動くことができなかった。侍従は、財布をすられた。群衆の熱狂に、天皇も側近も驚き、満足し自信を回復した」(升味準之輔『昭和天皇とその時代』山川出版社、一九九八年)。

四七年六月の京都、兵庫、大阪、和歌山巡幸からは、主要都市に奉迎場が復活し、戦前さながらの光景まで見られるようになった。

旧城南練兵場に臨御《りんぎょ》。こゝに集まつた人十三万、但馬《たじま》よりはもとより遠く中国筋からも集まつたとの事。君が代奉唱、万歳三唱、群衆も大して崩れることもなく無事であつた。(入3)

これは、四七年六月十三日に入江相政が姫路で見た光景を書き留めたものである。姫路だけではない。十万を超える人々が、君が代や万歳を媒介に天皇と一つになる「君民一体」が、各地で再現されたのである。

東京で革命の恐怖におびえていた天皇は、地方を回るたびに自信を回復していった。同年十二月に訪れた広島では、まだ原爆の傷痕が生々しかったにもかかわらず、五万人もの市民が奉迎場に集まり、君が代を斉唱し、万歳を叫んだ(『広島新史 市民生活編』広島市、一九八三年)。天皇は珍しくマイクに向かい、次のような言葉を述べた。

このたびは、みなの熱心な歓迎を受けてうれしく思う。本日は親しく広島市の復興の跡を見て満足に思う。広島市の受けた災禍に対しては同情にたえない。われわれはこの犠牲を無駄にすることなく、平和日本を建設して、世界平和に貢献しなければならない。(同)

ここで天皇は、原爆を「災禍」と言い換えている。謝罪の言葉は見当たらない。「うれしく思う」や「〜しなければならない」という言い回しには、二九年六月の大阪行幸に際して発表された談話との共通性が感じられる。

ハーバート・ビックスが、「事情を知らない人が見たら、最終的に勝利を収めた天皇を全国民が祝福していると思っただろう」(前掲『昭和天皇』下)と皮肉ったように、ここには戦争を仕掛けて敗北したという事実が、見事なまでに抜け落ちている。作家の坂口安吾は、翌年一月に発表した「天皇陛下にさゝぐる言葉」で、「天皇が現在の如き在り方で旅行されるということは、つまり、又、戦争へ近づきつゝあるということ、日本がバカになりつゝあるということ、狐憑《きつねつ》きの気違いになりつゝあるということで、かくては、日本は救われぬ」(『坂口安吾全集』06、筑摩書房、一九九八年、所収)と嘆いた。

戦後巡幸は、天皇制復活を恐れるGHQの警戒と後述する極東国際軍事裁判(東京裁判)の結審のため、四八年に中断されるが、四九年に再開された。同年五月には長崎を訪れ、奉迎場となった浦上球場で再び「長崎市民が受けた犠牲は同情にたへないが、われわれはこれを平和日本建設の礎として、世界の平和と文明のために努力しなければならぬと思ひます」(鈴木正男『昭和天皇の御巡幸』展転社、一九九二年)と発言している。

天皇は四六年から五四年までに、沖縄を除く全都道府県を回り終えた。

皇太子時代に続いて、昭和天皇は二度目の全国訪問を成し遂げたのである。

## 皇太后の秩父神社参拝

占領期にしばしば「お濠の外側」に出掛けていたのは、天皇だけではなかった。四六年十二月に大宮御所に戻った皇太后もまた、四七年九月に大日本蚕糸会総裁となり、四八年から五〇年にかけて、蚕糸絹業の現場を視察するため、関東甲信や東北地方一帯を回っている。その筆頭として皇太后が訪れたのが埼玉県であった。

四八年六月四日、皇太后は秩父町(現・秩父市)の秩父神社を参拝した。

秩父宮の宮号は秩父嶺からとられており(前掲『雍仁親王実紀』)、秩父宮も二二年十一月と三三年八月にこの神社を参拝していた。皇太后宮職事務主管として同行した筧素彦は、皇太后の参拝の模様をこう述べている。「拝殿前は、深く低頭なさって、何やらお口の中で仰せられているらしく、長い長い時間、微動だになさらず御祈念になっておいでになるのには一同が驚嘆を申し上げました」(前掲『貞明皇后御歌集』)。皇太后の参拝のスタイルは、敗戦を経ても全く変わっていなかったのがわかる。

昭和天皇が巡幸を中断した年に、皇太后は地方巡啓を開始した。そして、本来の目的地ではないはずの秩父神社に参拝したのである。おそらく、このときの皇太后は、療養生活を続けていた秩父宮の健康回復を熱心に祈ったであろう。

だが、皇太后の祈りはまたしても通じなかった。

五三年一月に秩父宮が死去すると、秩父神社の祭神に秩父宮が合祀された。

## 宮城前広場、十万人の熱狂

四六年十一月三日、天皇は午前中に「日本国憲法公布親告の儀」を行うべく、宮中三殿に向かった。大日本帝国憲法の発布に際して御告文を読み上げた明治天皇と同じように、昭和天皇は日本国憲法の公布に際しても、まずは皇祖皇宗にそれを報告する御告文を読み上げた。新憲法の精神と矛盾しているのは言うまでもなかった。

そして午後からは、宮城前広場で東京都が主催する「日本国憲法公布記念祝賀都民大会」に臨んだ。宮城前広場といえば、五月のメーデーで五十万人を集めて、「天皇制打倒」「人民政府樹立」が叫ばれたのが、まだ記憶に新しかった。天皇の革命に対する恐怖感は、消えていなかったと察せられる。天皇は皇后とともに、広場に現れたことは現れたが、その時間はたった一分間にすぎなかった。

しかし、天皇が実際に見たのは、メーデーよりはむしろ、戦前に同じ広場で行われた親閲式や記念式典との連続性を濃厚にうかがわせる光景であった。広場に集まった十万人の人々は天皇を取り囲んで君が代を斉唱し、万歳を叫んだ。巡幸の途上で展開された光景が、東京でも現れたのである。芦田均はこう書いている。「陛下が演壇から下りられると群集は波うつて二重橋の方向へ崩れる。ワーッといふ声が流れる。熱狂だ。涙をふきふき見送つてゐる。群集は御馬車の後を二重橋の門近くへ押よせてゐる。何といふ感激であるだらう。私は生れて初めてこんな様相を見た」(芦1)。

この光景は、天皇自身にとっても予想外であったに違いない。十一月七日に参内《さんだい》した蔵相の石橋湛山は、「去《さる》三日の宮城前広場にての状況につき申上たる所、陛下曰く、米国等への影響も宜《よろ》しかりしならん、又疾《はや》くにあゝすれば好かつたと」(『石橋湛山日記』上、みすず書房、二〇〇一年)と記している。

## 内奏と下問

日本国憲法の施行は、四七年五月三日であった。この日、再び宮城前広場で、政府主催の「日本国憲法施行記念式典」が開かれ、天皇が出席した。天皇が広場に現れた時間は、一分間から三分間へと延びた。それは天皇の革命に対する恐怖感が、多少とも和らいだことのあらわれのように見えた。

このときも、広場に集まった一万人の人々は、天皇陛下万歳を叫んだ。ラジオ中継を聞いていた三笠宮は、『帝国大学新聞』で、新憲法の精神と矛盾する記念式典のあり方に対して、公然と違和感を表明した（前掲『皇居前広場』）。

当時、三笠宮とは別の面から、日本国憲法との矛盾に悩んだ人物がいた。片山哲内閣で外務大臣となった芦田均である。四七年七月十八日に天皇が内奏を望んでいると聞いた芦田は、日記にこう書いている。

新憲法になつて以後、余り陛下が内治外交に御立入りになる如き印象を与へることは皇室のためにも、日本全体のためにも良いことではない。だから私は内奏にも行かないのである。然し御上の思召とあれば行くべきだと決意して、来週月曜日に参内する旨を言上させた。（芦2）

芦田が参内して天皇に内奏したのは、「来週月曜日」、つまり七月二十一日のことであった。内奏の時間は、一時間十分におよんだ。

天皇は、「日本としては結局アメリカと同調すべきでソ聯との協力は六ケ敷《むつかし》いと考へるが」、「共産党と言つても我国では徳田〔球一〕の如きさへ神宮では鄭重に礼儀をつくしたといふからロシアの共産党とは全く同一でないと思はれる」などと、政治的意思をあらわにした。おそらく芦田には、一体天皇は日本国憲法を本当に理解しているのかという素朴な疑問が浮かんできただろう。七月二十二日の日記を、芦田は次の一文で結んだ。「『又時々来てくれ』と仰せられた時に私は『はい』とお答へしたが、頭の中に又しても新憲法のことが浮んで来た」。しかし芦田の違和感に反して、首相や閣僚が内奏し、天皇が下問する慣習はその後もずっと続くことになる。

それだけではない。天皇は宮内府御用掛の寺崎英成を通して、米国による沖縄の長期占領を望むメッセージを、米国国務省に伝えていた(進藤榮一「分割された領土」、『世界』一九七九年四月号所収)。七九年四月十九日、天皇は入江相政に、「アメリカが〔沖縄を〕占領して守つてくれなければ、沖縄のみならず日本全土もどうなつたかもしれぬ」(入10)と述べている。

## 祭祀は私事として継続

日本国憲法の施行とともに、宮内省は宮内府となり、すべての皇室令は廃止された。これに伴い、宮中祭祀について規定していた皇室祭祀令もなくなった。しかし宮中祭祀は、法令に規定されない天皇家の私事として継続した。天皇は、日本国憲法に規定された象徴としての制約を軽々と乗り越えたのである。

四八年七月には、「国民の祝日に関する法律」(祝日法)が公布された。大祭の名称であった元始祭、紀元節、神武天皇祭、神嘗祭、大正天皇祭は廃止され、四方拝は元日に、春季皇霊祭は春分の日に、秋季皇霊祭は秋分の日に、天長節は天皇誕生日に、明治節は文化の日に、新嘗祭は勤労感謝の日にそれぞれ改められた。

だが宮中では、従来と同じ名称の祭祀が、それ以降も基本的に継続した。文化の日となった四八年十一月三日、入江は「今年から明治節は無くなつたのだが、様式は全く旬祭と同じ御拝があらせられた」(入4)と記している。

天皇は、地方巡幸や御用邸滞在を続けるかたわら、敗戦前と同様に宮中祭祀にも出席し続けた。出席すべき大祭、小祭と巡幸の日程が重なったのは、愛媛県宇和島にいた五〇年の春季皇霊祭だけである。天皇は、「お濠の外側」にしばしば出掛けたからといって、「お濠の内側」をおろそかにしていたわけではなかった。

もっとも、葉山御用邸に滞在していた四六年四月に神武天皇祭を休んだように、天皇は葉山に滞在しているときだけは、たとえ宮中祭祀があっても東京に戻らない場合があった。前述のように天皇は、四八年一月から相模湾での採集を再開しており、このときばかりは祭祀より生物学研究の方を重視していたように思われる。また即位直後から毎月一日、十一日、二十一日に出席していた旬祭は、毎月一日の出席だけに改められた。

内奏と日本国憲法との矛盾に悩んだ芦田ですら、宮中祭祀に出席すべきかどうか悩んだ形跡は見られない。ただ四七年十月に直宮家《じきみやけ》(秩父宮、高松宮、三笠宮)を除く十一宮家の廃絶が決まってからは、出席者の人数が減っていたようである。四八年十月十七日の神嘗祭を、芦田は「今日は宮内府の関係以外には私一人しか参拝してゐなかつた。淋しいお祭だつた」(芦2)と記している。

## 祭祀にこだわった理由

天皇が戦後もなお祭祀にこだわった理由としては、一つには戦中期における自らの誤った祈りを「神」に対して謝罪し、悔い改めて平和を祈り続けようとしたことがあろう。前述のように天皇は、「平和の神」であるはずのアマテラスに戦勝祈願をしたことで「御怒り」を買ったという認識をもっていたが、神道思想家であった葦津珍彦《あしづうずひこ》は、さらにこう指摘している。

天皇は、神聖であり神聖の根源であらせられるが、決して過ちををかされることのない無謬の神(中世のローマ法王は、全知全能の神の代表者と称した)だなどとは、自ら思ってをられるのでない。罪と過ちのあることをおそれて、常に御精進なさり、神に接近すべく努力されるばかりでなく、天下万民に対してもいろいろと進言することをもとめられる御方なのである。(中略)天皇おん自らは、いつも過ちなきか、罪けがれなきかとおそれて御精進なさってゐる。天上の神になってしまって、謬《あやま》つことなき万能の神だと宣言なさった天皇はない。

(「神聖をもとめる心」、『葦津珍彦選集』第一巻、神社新報社、一九九六年、所収)

葦津の言葉を借りれば、昭和天皇はアマテラスに戦勝を祈ってしまった「罪と過ち」を深く認識するがゆえに、戦後も「御精進」を重ね、「神に接近すべく努力され」た。「天上の神」になってしまったのは、むしろ皇太后の方だったということになろうか。

天皇が祭祀の継続にこだわったもう一つの理由としては、宗教心が薄く、付和雷同しやすい「日本人の国民性」が露呈したことに対する天皇の不信感があったと思われる。天皇は、マッカーサーとの第三回会見で、「日本人の教養未だ低く且宗教心の足らない現在」(前掲『資料日本占領1　天皇制』)という言葉を用いたほか、徳川義寛にもしばしば「宗教心を持たねばだめだね」、「こういう戦争になったのは、宗教心が足りなかったからだ」と語っていたという(前掲『侍従長の遺言』)。

前述のように、「国民奉祝の時間」や「全国民黙禱時間」などが祝祭日や記念日のたびに設けられた戦中期、国民は天皇とともに、戦勝を祈り続けたはずであった。しかしながら、四〇年十月の靖国神社臨時大祭に際して、「上御《かみご》一人《いちにん》ノ心ヲ心トシテ億兆一心ノ態ヲ示スハ喜ブベキモ、若シ之ガ形式ニノミ走リテ実質的精神上空虚ナルニ於テハ相済マザル所ナリ。為政者此点ヲ深ク反省スルヲ要ス」(前掲『朝倉毎人日記』昭和十五年七月〜昭和十七年)と感じた朝倉毎人の危惧を、天皇もおそらくは共有していた。天皇は、自らの祈りとは異なり、戦中期の国民の祈りが「実質的精神」を伴わない「形式」にすぎなかったという思いを、敗戦後に強く抱いていたはずである。

戦後巡幸の途上、各地で天皇を迎えた人々のうち、敗戦前まで天皇とともに祈り続けなければならなかったことを記憶していたのは、果たしてどれだけいただろうか。戦中期は新聞に必ず掲載された宮中祭祀に関する記事も、新聞の紙面が削減された占領期にはほとんど掲載されなくなった。それとともに、天皇が宮中祭祀を続けているという事実そのものが、しだいに忘却されていった。

## カトリックへの関心

天皇は、宗教心が欠けた戦後日本にあって、皇室がその砦となるためには、キリスト教に対して寛容な姿勢をとることが必要と考えたようである。前述のように、皇室におけるキリスト教の受容は敗戦がきっかけというわけではなく、大正末期の貞明皇后から始まっているが、占領軍の進駐という新たな事態は、その受容を否応なしに迫られる結果を招いた。皇太子の家庭教師となったヴァイニング夫人が、敬虔なクエーカー教徒であったことはよく知られている。日本人の中にも、キリスト教社会運動家の賀川豊彦や植村環《たまき》のように、宮中で聖書講義をする人物が現れるようになった。

天皇は皇后とともに、キリスト教の講義を受けるようになった。

カナダ政府代表であったハーバート・ノーマンは、四八年六月十七日にオタワの外務省本省あてに、「不安定な精神状態にあって、天皇はますます宗教に慰めを見出している。だから、最近の新聞の報道にあった、スペルマン枢機卿一行の先週の宮中訪問は、ある意味では天皇がカトリック教徒になることについて相談するためのものだった」という文章を、式部官長の松平康昌から聞いた話として送っている(工藤美代子『香淳皇后と激動の昭和』中公文庫、二〇〇六年)。スペルマン枢機卿というのは、次期のローマ教皇と目されていたニューヨークの大司教である。

たしかにスペルマン枢機卿は、四八年六月七日に羽田空港に降り立ち、九日には天皇と約三十分にわたって会見したが、「天皇がキリスト教に帰依することなど全然話に出なかつた」(『読売新聞』一九四八年六月十日)と語っている。同年八月二十四日に天皇と会見したメルボルン・サン紙主筆のジョン・O・ウォータースも、「天皇のキリスト教帰依問題について天皇陛下は自分は外来宗教にたいして敬意を払つている、しかし自分自身の宗教を体していた方がよいと思うと答えキリスト教帰依を肯定されなかつた」(『朝日新聞』一九四八年八月二十七日)として、天皇の改宗を否定している。

とはいえ、ローマ教皇庁は、天皇がカトリック信者になる可能性について言及していた。四八年十二月七日発のヴァチカン特電は、教皇庁消息筋から発せられた次のような言葉を伝えている。「一九四五年以来天皇、皇后両陛下はキリスト教に多大の関心を示され、日本におけるカトリックの慈善事業に対しても皇室からの援助が行われた、日本のカトリック教信者の多くは、天皇がカトリックの洗礼をうけられることを祈つている」(『朝日新聞』一九四八年十二月九日)。四九年三月二十五日には、ローマ教皇庁のガスコイン駐日代表が、天皇がカトリック改宗を考えている可能性について本国に報告した。教皇庁は、軍国主義の崩壊によって生まれたイデオロギー上の空白地帯を、共産主義に対抗して埋めたいと考えていた(前掲『英国機密ファイルの昭和天皇』)。

たとえ天皇自身がカトリック教徒になろうとまで思い詰めたことはなかったとしても、少なくともカトリックに並々ならぬ関心を寄せており、実現はしなかったにせよ、ローマ教皇庁も天皇が改宗する機会をうかがっていたことが、以上の記事や研究書からうかがえよう。皇太后の信奉する「神ながらの道」が、結局のところ戦勝の祈りを招いてしまったとすれば、もはや同じ轍《てつ》を踏むことは許されない。宮中祭祀の礎は、あくまでも平和を祈ることでなければならない。その祈りをただの「形式」でなく、「信仰」の域にまで高めるには、「自分自身の宗教」を守りつつ、カトリックから学ぶべきものを学ばなければならない――。天皇はこのように考えたのではないか。

もし天皇が本当にカトリック信者となっていたなら、宮中三殿にまつられた「神」とキリスト教の「神」とは、天皇のなかで矛盾なく接合されたことになる。だが実際には、そうはならなかった。この点で、神道が「世界教」になるためには、宮廷との関係を取り去らなくてはならないとした同時代の折口信夫は鋭かったといえる（『折口信夫全集』第二十巻神道宗教篇、中公文庫、一九七六年、を参照）。

### 退位の否定

四八年五月二十一日、芦田均は内奏のさい、天皇に「皇室に於ても一家団らんの御出来になるよう御住居を御考へ願度《ねがいた》い。赤坂離宮へ御移り願へないでしょうか」と述べた(芦2)。赤坂離宮はいまの迎賓館で、裕仁が皇太子時代に住んでいたところでもあった。天皇は、「赤坂離宮については生活に不自由だし、且つ費用がかゝるので矢張り当分は現在の御文庫が住心地がよい、慾を言へばもう二部屋もあると便利だ」と答えた(同)。七月一日には宮城が皇居と改められ、皇居移転論は消え去った。

この年、天皇は葉山と那須の御用邸を除いて、東京都外に全く出なかった。東京裁判が結審し、A級戦犯に判決が下されたのは、四八年十一月十二日のことであった。A級戦犯が処刑された同年十二月二十三日とともに、裁判の舞台裏を知り尽くした天皇の精神的危機が最も高まった日だったと思われる。

同じ十一月十二日、天皇はマッカーサーにあてて、「いまや私は一層の決意をもって、万難を排し、日本の国家再建を速やかならしめるために、国民と力を合わせ、最善を尽くす所存であります」(前掲『資料日本占領1　天皇制』)というメッセージを提出し、退位を否定した。これは天皇自身の積極的な意思というよりは、むしろ退位を認めないマッカーサーの意向に沿ったものであった。

十一月十二日の天皇は、宮内府の御座所で一人悄然《しょうぜん》としていた。村井長正によれば、連日のように御座所で独り言を唱え、自らを責めていた天皇は、この日眼を泣きはらし、「生涯忘れられないお顔」をしていたという。Ａ級戦犯が処刑された十二月二十三日には、侍従長の三谷《みたに》隆信に対して、「三谷、私は辞めたいと思う。三谷はどう思うか」と漏らしている（前掲「封印された天皇の『お詫び』」）。

しかし、連合国軍最高司令官との会見の場で、天皇が退位という言葉を口にすることはなかったに違いない。

四五年九月に始まった天皇とマッカーサーの会見は、マッカーサーが五一年四月に連合国軍最高司令官の地位を突如解任され、離日する前日まで、十一回にわたり続いた。最後の会見で、天皇はマッカーサーに、「戦争裁判に対して貴司令官が執られた態度に付、此機会に謝意を表したいと思います」と述べた（豊下楢彦「昭和天皇・マッカーサー会見を検証する」下、『論座』二〇〇二年十二月号所収）。

後任のマシュー・Ｂ・リッジウェイも、天皇と七回にわたり会見したが、マッカーサーとは異なり、皇居を表敬訪問した。五一年九月のサンフランシスコ講和条約と日米安全保障条約の調印直後に行われた第三回会見で、天皇は「有史以来未だ嘗て見たことのない公正寛大な条約が締結せられた」、「日米安全保障条約の成立も日本の防衛上慶賀すべきことである」などと述べている（同）。

## 皇太后の死去

五一年五月十七日、皇太后が大宮御所で突然死去した。

享年満六十六歳。死因は狭心症であった。「御退位のことにつきては、しかるべき時期を見て決行さるることを可とせらるるにあらずや」と話した皇太后。だが、その思いがかなうことはついになかった。

六月八日、皇太后は「貞明皇后」と追号された。その六日後には、遺書が発見された。大正天皇が死去する直前の二六年十月二十二日に書かれたこの遺書には、「筧〔克彦〕博士ノ書物ヲ秩父宮ニアヅケルコト」という一文があったと高松宮が述べている(『高松宮宣仁親王』朝日新聞社、一九九一年)。

皇太后の死去とともに、宮中では一年間の服喪期間に入った。向こう一年間、天皇と皇族はすべての宮中祭祀に出られなくなった。

天皇は敗戦直後から、大正末期に続く第二の女官制度の改革に乗り出していた。四五年十月には、皇后宮職を侍従職と併合し、内廷府を作るよう命じた(前掲『側近日誌』)。しかし、皇太后宮職に手をつけることはできなかった。官職はそのままで、女官は全員住み込んでいた。皇太后の死去に伴い、皇太后宮職が廃止されることで、ようやく「お局《つぼね》」はなくなり、皇居と大宮御所に分かれていた女官が一本化された。

けれども、皇太后の影響力が直ちに消えたわけではない。皇太后宮職に所属していた女官は全員辞めたわけではなく、引き続き宮中に残った女官もいたからである。その女官こそ、後述する今城誼子《いまきよしこ》であった。

## 「お言葉」から消えた謝罪

退位か留位かをめぐる長年の問題が、最終的に「退位せず」で決着を見るのは、五一年九月頃であった（河西秀哉「講和条約期における天皇退位問題」、『史林』第八八巻四号、二〇〇五年、所収）。「媾和条約の成立したる時、皇祖皇宗に対し、又国民に対し、責任をおとり被遊、御退位被遊が至当なりと思ふ」という木戸の言葉は、講和条約が結ばれたのとまさに時を同じくして、反故にされたのである。

けれども、たとえ留位するにせよ、天皇が戦後巡幸の途上でも口に出すことはなかった謝罪の気持ちを表明する機会をもちたいと考えていたことは、宮内府（四九年から宮内庁）長官の田島道治《みちじ》が、「謝罪詔《しょうちょく》勅草稿」と呼ばれる草稿を作成していたことからわかる（加藤恭子『昭和天皇「謝罪詔勅草稿」の発見』文藝春秋、二〇〇三年）。この草稿がいつ書かれたのかは不明だが、そこには「朕ノ不徳ナル、深ク天下ニ愧《は》ヅ」という強い言葉とともに、「祖宗《そそう》及万姓《ばんせい》ニ謝セントス」という謝罪の言葉がある。ここでも、謝罪すべき対象は「祖宗」すなわち皇祖皇宗が第

一、「万姓」すなわち国民が第二という順序になっていることに注目しないわけにはいかない。

しかし、天皇の退位を一貫して否定した首相の吉田茂は、謝罪の言葉に対しても不快感をあらわにした。吉田は天皇と同様、日本中学で杉浦重剛から薫陶を受けていた。政治学者の原彬久は、吉田の熱烈な皇室崇拝の根底には、杉浦からの影響があったとしている(『吉田茂』岩波新書、二〇〇五年)。

宮中と政府は、独立回復に際して、天皇の「お言葉」を発表するつもりでいた。五二年三月十七日の文案までは、「謝罪詔勅草稿」とよく似た言葉が入っていた。だが三月三十日以降の文案になると、謝罪の言葉が見られなくなる(加藤恭子『田島道治』TBSブリタニカ、二〇〇二年)。その背景には、吉田の意向があった。「吉田案は『謝罪』といういわば後ろ向きの色を払拭して、むしろ未来志向を狙うものであった。同案は、皇室に近い安倍能成、小泉信三らの支持するところとなり、これが五月三日の独立記念式典における『お言葉』となるのである」(前掲『吉田茂』)。

五二年四月二十八日、講和条約発効に伴い、日本は独立を回復した。皇太后死去に伴う服喪期間が明けていなかったため、宮中三殿への報告はなかった。天皇は、「平和条約発効の日を迎へて」と題して和歌を五首詠んだが、そのうちの一首はこうであった。「冬すぎて菊桜さく春になれど母のすがたをえ見ぬかなしさ」。

天皇は五月三日、皇居前広場で開かれた「平和条約発効ならびに憲法施行五周年記念式典」に出席した。天皇が広場にいた時間は、三十分あまりにおよんだ。天皇の革命に対する恐怖感は、もう消え去っていた。「お言葉」の一部を次に掲げる。

この時に当り、身寡薄なれども、過去を顧み、世論に祭〔察〕し、沈思熟慮、あえて自らを励まして、負荷の重きにたえんことを期し、日夜ただおよばざることを恐れるのみであります。こいねがわくば、共に分を尽し事に勉《つと》め、相たずさえて国家再建の志業を大成し、もって永くその慶福を共にせんことを切望してやみません。

（『朝日新聞』一九五二年五月三日夕刊）

天皇はこうして、退位を正式に否定した。謝罪の言葉はどこにもなかった。

## 伊勢神宮と靖国神社へ

五二年五月十七日、宮中ではようやく一年の喪が明けた。十九日、天皇は「貞明皇后霊代奉遷の儀」を行うべく、皇霊殿を訪れた。天皇は四五年十一月以来、一度も参拝していなかった伊勢神宮と靖国神社に、六月三日と十月十六日にそれぞれ参拝した。

伊勢神宮に参拝したときの模様を、香淳皇后はこう記している。

昨秋の講和条約調印の、この春の条約発効につきて、大君には諒闇《りょうあん》のあくるをまちうけ給ひて、まづ遠つみおやの大神につげさせ給はんとて、六月二日に出で立たせ給ひ、あくる三日、伊勢の両宮ををろがせ給ひ、親しく事のなりゆきをわびさせられ、御まもりによりまた海の外のたすけによりて、再び独立の日を迎へしことを、よろこばせ給ひ、深く〳〵大神に感謝……。

（藤樫《とがし》準二『天皇とともに五十年』毎日新聞社、一九七七年）

毎日新聞記者の藤樫準二によれば、傍点は原文のままである。「親しく事のなりゆきをわびさせられ」というのは、四二年十二月十二日に伊勢神宮を参拝し、戦勝を祈願したことを、改めて謝罪したという意味だろうか。そうだとすれば、天皇は独立回復に当たり、少なくとも「祖宗」に対しては謝罪の言葉を表明したことになる。

退位の道を断たれた天皇は、生涯をかけて平和を祈り続けるという決意を固め、「祖宗」に誓ったのかもしれない。しかし、天皇が発した謝罪の言葉を、「万姓」が直接耳にすることは永久になかった。

# 第六章　宮中の闇

全国戦没者追悼式に出席し，黙禱する昭和天皇(日本武道館，1988 年 8 月 15 日．提供：毎日新聞社)

## 独立後の地方行幸

日本が独立を回復した一九五二年という年は、それまで天皇の陰に隠れていた感のあった明《あき》仁《ひと》皇太子が、表舞台に登場する年でもあった。皇太子の立太子礼と成年式は、貞明皇后の死去に伴う服喪のため一年延期されていたが、同年十一月十日に行われた。十一月二十三日には、明仁皇太子は初めて新嘗祭に出席した。

しかしこれ以降も、天皇は占領期と同様、風邪など特別の事情がない限り、すべての祭祀に出席し続けた。昭和天皇は、「お濠の外側」では五四年の北海道訪問によって戦後巡幸をいったん終えてからも、戦前の陸軍特別大演習に代わるイベントとして、戦後新たに始まった国民体育大会や植樹祭に毎年出席し、地方行幸を続ける一方、「お濠の内側」では貞明皇后が死去してからも、また大正天皇とは異なり皇太子が成年式を行ってからも、依然として「祭祀王」として君臨し続けたのである。

独立回復以降の地方行幸では、占領期の巡幸に見られたような混乱と熱狂はもうおさまっていた。次に引用するのは、五五年十一月十日に天皇が埼玉県の秩父産業館を訪問したとき、玄関前の広場で見られた光景である。

この日産業館広場にはバルコニーを中心に最前方に市内七十七歳以上の高齢者がならび、左から市内学校生徒、婦人会、青年団、官公署団体職員等が放射状にならび、その後方に一般市民及び遠く郡下の山峡から押しかけた老幼男女計三万余名の奉迎者が、手に手に日の丸の小旗をもってぎっしりと広場を埋めつくした。

陛下が二階のバルコニーにお姿をあらわされるや期せずして万歳の声が轟《とどろ》きわたった。

陛下が帽子を高くふってこの歓迎の群集におこたえになられた、折から、スピーカーから流れ出る君か《ママ》代のメロディそれにあわせて君か代の大合唱が夕闇せまる秩父盆地に流れ、はるか武甲の山なみに万歳の声がこだまする感激のシーンに、陛下は帽子を高くふっていつまでもその場を立ち去りがたい御様子でありました。

（秩父市誌編纂委員会編『秩父市誌』名著出版、一九七四年）

天皇は無言のまま、二階のバルコニーに立って広場を見つめている。広場が事実上の奉迎場となり、万単位の市民による「君が代」の斉唱や万歳が整然と行われている。こうした光景を見る限り、「君民一体」が可視化された昭和初期の行幸との連続性は明らかである。紙幅の都合上、ここでは一例を挙げるにとどめるが、天皇が訪れたほかの地方都市でも事情は大体同じであった。天皇は、ガンが見つかり、腸の手術を受ける四ヵ月前に当たる八七年五月まで、地方視察を続けることになる。

## 復活した「時間支配」

前章で触れたように、天皇は独立を回復してから、伊勢神宮や靖国神社に再び参拝するようになるが、戦中期のように「全国民黙禱時間」が設けられることはなかった。ところが、こうした「時間支配」は、六三年八月十五日に開かれた政府主催の全国戦没者追悼式に天皇が出席したのを機に復活する。この年以降、毎年八月十五日に全国戦没者追悼式が開かれ、天皇が必ず出席するようになる。式場は第一回が日比谷公会堂、第二回が靖国神社、第三回以降が日本武道館であった。

メディア史学者の佐藤卓己が指摘するように、全国戦没者追悼式というのは、憲法の政教分離原則に則して「宗教的儀式」的要素を取り除いた国民儀礼であった(『八月十五日の神話』ちくま新書、二〇〇五年)。天皇は正午から一分間、式場中央の「全国戦没者之標」(七五年からは「全国戦没者之霊」)と書かれた柱に向かって黙禱するが、同時に全国民がそれぞれの場所で黙禱するものとされた。

天皇の「お言葉」がそれに続くことを踏まえるならば、これは「御告文」を読み上げる宮中祭祀を世俗化した儀式と見ることもできる。追悼式の模様は毎年テレビで中継され、八月十五日に天皇の〈声〉を聞くことが恒例化してゆく。

## 「かくれたる人」

では、「お濠の内側」における天皇、つまり「祭祀王」としての天皇の心境はどのようなものだったか。それを直接伝える天皇自身の文章は残っていないが、「声」をお題とする六六年一月十三日の歌会始で、天皇は次の和歌を詠んでいる。

日日のこのわがゆく道を正さむとかくれたる人の声をもとむる

この和歌を、田所泉は次のように解釈する。「『かくれたる人』とは『世に隠れた人』であり、その忠告を求めて『道を正』すのは、世に顕《あらわ》れた、世にかかわってゆく存在である」(前掲『昭和天皇の〈文学〉』)。また鈴木正男は、「かくれたる人」を「諫臣《かんしん》」、すなわち天皇の非をいさめる臣下と解釈した上で、「これほどにハッキリと諫臣を求められた世界の帝王は、私の知る限りではない」と述べる(前掲『昭和天皇のおほみうた』)。

いささか大胆な解釈をあえてしてみよう。「かくる」には「隠れる」という意味のほかに、

「亡くなる」という意味もある。したがって「かくれたる人」は、「亡くなった人」と解釈することもできる。「亡くなった人」というのは、具体的に言うと五一年に死去した皇太后・貞明皇后のことではないか。前年十月十二日には、天皇は香淳皇后とともに、八王子市にある多摩《たま》陵《みささぎ》(大正天皇陵)と多摩東陵(貞明皇后陵)に参拝している。このときの心境を詠んでいるようにも見える。

天皇は、皇太后が死去して十四年あまりたってもなお、皇太后を恐れており、「日日のこのわがゆく道」が間違っていないかどうか、日々尋ねようとしていたのではないか。たとえ「神ながらの道」が敗戦を招いたとしても、四五年十一月二十二日、「神に対し大宮様に対し」と話した天皇の心境自体に、変わりはなかったと思われる。

## 「魔女」と呼ばれる女官

こうした解釈をしてみたくなるのは、六六年という年が宮中で女官の今城誼子が、記録上初めて「魔女」と呼ばれた年であるからだ。入江相政の日記には、六六年一月三日に次のような記述がある。

昨日、一昨日と相次いで魔女から電話。大晦日にだれが剣璽《けんし》の間にはひつた、なぜ無断では

ひつた、とえらい剣幕でやられたといふことだつた。　　　　(入7)

今城誼子は、二九年に皇太后宮職の女官として宮中に入った。源氏名は「浜菊」であり、三九年の明治天皇例祭や四〇年の大正天皇祭には、皇太后の代拝もしている。五一年に皇太后が死去してからは、引き続き香淳皇后に仕えていた。六五年当時、女官は六人いたが、今城は貞明皇后から仕えてきた唯一の女官で、独身の今城以外の女官は、全員未亡人であった(甘露寺《かんろじ》受《おさ》長《なが》『天皇さま』日輪閣、一九六五年)。

なぜ入江は、今城誼子を「魔女」と呼んだのか。それは今城が、皇太后の死去後も皇太后からの影響を強く受けていて、宮中祭祀をきちんと行わなければ神罰が当たると信じていたからではなかったか。入江は、女官長の保科武子から聞いた話とした上で、今城が信奉していたのは筧克彦の「神ながらの道」ではなく、萩原真が四八年に始めた「真《まこと》の道」(創立時の名称は「千鳥会」)という一民間宗教だとしているが、河原敏明はこの説を否定している(前掲『昭和の皇室をゆるがせた女性たち』)。しかしいずれにせよ、「魔女の神がかりは有名」(入7)という入江の記述からして、今城が何らかの神がかった状態に陥っていたのは明らかである。

入江の日記からは、今城が「魔女」と呼ばれていたのは、少なくとも六五年からであったのがうかがえる。序で触れたように、「剣璽の間」は吹上御所にある。天皇と皇后は、戦後も長らく御文庫に住んでいたが、六一年に御文庫に隣接して吹上御所ができるとともに移住した。六六年の歌会始で詠まれた天皇の和歌には、今城を媒介とした貞明皇后の影がうかがえるが、やがて入江と今城の対立が激しくなるにつれ、天皇は入江の側に擦り寄ってゆく。

## 三島由紀夫の宮中三殿見学

六六年一月八日といえば、入江が日記で今城を「魔女」と呼んでから五日後、前述の歌会始の五日前に当たる。この日、一人の作家を乗せた自動車が、皇居北端の乾門《いぬいもん》を入り、宮中三殿へと向かった。小説の取材のため、神に仕える巫女《みこ》である内掌典に会うのが目的であった。作家は三島由紀夫、小説は四部作からなる『豊饒の海』であった。

三島は、初めて目にした宮中三殿を、次のように記している。

奥の向うを向いて、三つの神殿　賢所と皇霊殿と神殿あり。神嘉殿あり。向うは白砂。ここで四方拝行はれる。（中略）

賢所ハ神座へ行くまで扉なし、スダレのみ。御神体迄扉なし。神迄空気通ふ。観音扉の戸もひるはあける。生きてる如く内掌典は化《したが》ふ。

（「未発表『豊饒の海』創作ノート１」、松本徹他編『三島由紀夫の演劇』鼎書房、二〇〇七年、所収）

『論語』八佾《はちいつ》第三に「神を祭ること、神在《い》ますが如くす」という言葉があるが、三島が見た賢所における内掌典の動作は、まさにこの『論語』の言葉どおりであった。その動作には、おそらく女官の今城誼子に通じるものがあったろう。たった五日前には、同じ場所で天皇が元始祭を行ったばかりであった。

一月三十一日、三島は友人のドナルド・キーンに、関係者以外誰も立ち入ることのできない宮中三殿を見た感激を次のように記している。「長篇の取材で、この間宮中の賢所へ行つて内掌典に会ひ、平安朝の昔にかへつた気がしました」（『三島由紀夫未発表書簡』中公文庫、二〇〇一年）。

同年五月に発表された小説「英霊の聲《こえ》」には、「人間宣言」をした昭和天皇に対する呪詛の言葉が浴びせられながら、次のような箇所がある。

祭服に玉体を包み、夜昼おぼろげに
宮中賢所のなほ奥深く
皇祖皇宗のおんみたまの前にぬかづき、

神のおんために死したる者らの霊を祭りて
ただ斎《いつ》き、ただ祈りてましまさば、
何ほどか尊かりしならん。

（『決定版　三島由紀夫全集』20、新潮社、二〇〇二年）

このときの三島の心情は、六七年に評論家の福田恆存《つねあり》と対談したときに話した、「天皇がなすべきことは、お祭、お祭、お祭、お祭、――それだけだ。これがぼくの天皇論の概略です」（「文武両道と死の哲学」、前掲『決定版　三島由紀夫全集』39、所収）という言葉に近かったと思われる。『中央公論』一九六八年八月号に発表された「文化防衛論」でも、三島は戦後の天皇制が、五八年十一月の皇太子婚約に端を発したいわゆるミッチーブームを頂点に、「週刊誌天皇制」へと堕落したことを徹底して批判しながら、「保存された賢所《けんしょ》の祭祀と御歌所の儀式の裡《うち》に、祭司かつ詩人である天皇のお姿は活きてゐる」として、宮中祭祀や歌会始に天皇制の最後の光明を見いだそうとした。こうした主張は、決して小説家の感性などという次元から発せられたのではなく、六六年一月八日に宮中三殿を実際に見学し、内掌典に会った体験に根差していたのである。

しかし三島は、その体験を公表することはなかった。三島の主張は、「文化防衛論」を批判した政治学者の橋川文三《ぶんそう》をはじめとする、「お濠の外側」しか見ることのできないアカデミズムには理解されなかった。例外的に、葦津珍彦や民間右翼の影山正治《まさはる》がそれぞれ、「楯の会における講義で、祭祀大権を強調してゐる点は、現代思想に対する問題提起者として高く評価さるべきである」(前掲「神聖をもとめる心」)、「三島由紀夫君の晩年に到達したところは、日本の国体の本質は祭祀国家にある、この祭祀国家の一番重点をなすものは宮中三殿と伊勢神宮である、ここなのです」(「三島由紀夫と新国学」、『影山正治全集』第一九巻、影山正治全集刊行会、一九九二年、所収)とした程度であった。言うまでもなくここには、祭祀を「創られた伝統」と見なす視点はない。

## 入江相政と今城誼子

一九六六年という年は、主要全国紙が宮中祭祀に関する記事を継続的に掲載した最後の年でもある。朝日新聞はすでに六二年を最後に天皇の祭祀への出席を掲載しなくなったが、毎日新聞と読売新聞も六六年十二月二十五日の大正天皇四十年式年祭を最後に、やはり掲載しなくなった。

作家の今日出海《こんひでみ》が「新米を神に供える新嘗祭が勤労感謝の日になる世の中であり、新米の出回る時に古米を食わね《ママ》ばならぬ時節となっては、折り目をただす行事など、宮中だけの仕きたりとしてしか残る意味はなく、若い人々には関心の外かも知れぬのである」(『読売新聞』一九六八年十月十一日夕刊)と嘆いたように、六〇年代には高度経済成長に伴う都市化や開発が全国的に進んだ結果、農業人口は大幅に減り、宮中祭祀に合わせて各地の神社でも同様の祭りを行う意味は急速にうすれつつあった。

戦前ならば祝祭日の名称とともに、誰もが知っていたはずの宮中祭祀は、もはや高齢者や三島由紀夫ら一部の右派知識人の関心の対象でしかなくなっていた。天皇が祭祀を行うこと自体が、社会から浮き上がりつつあったのである。

六八年に侍従次長、七〇年に侍従長となる入江相政に言わせれば、祭祀とは「頭のさがる、人間わざとは思われないようなふるまい」(「祭りとは」、『昭和天皇とともに』朝日新聞社、一九九七年、所収)を意味した。古希が近づきつつある天皇にとって、一年に三十前後もある祭祀はあまりに苛酷な負担であった。毎月一日に行われてきた旬祭の親拝を、六八年から五月と十月だけにしたのはこのためであった。

もちろん、今城誼子は入江の考え方と真っ向から対立した。昭和天皇が皇太后を恐れたのとは対照的に、入江は今城を恐れることなく、祭祀の負担軽減を進めようとした。「お上はお大事なお方、お祭りもお大事だが、お祭りの為にお身体におさはりになつたら大変」(入8)という入江の主張に、少なくとも体力の衰えを自覚していた天皇は理解を示した。

しかし、祭祀を重視する今城の思いは、香淳皇后に影響を与えた。皇后は七〇年五月三十日、入江にこう述べている。「旬祭はいつから年二度になつたか、やはり毎月の御拝が願はしい、何故かといふと日本の国がいろ〳〵をかしいのでそれにはやはりお祭りをしつかり遊ばさないといけない」(同)。その口ぶりは、今城にそっくりであった。入江はこう記している。「かうまで魔女にやられていらつしやるとは」(同)。

入江がこだわったのは、「夕《よい》の儀」「暁の儀」の二回に分けて行われ、最も体力を要する新嘗祭の負担軽減であった。入江は、七〇年の新嘗祭は「夕の儀」だけとし、翌年からは双方ともに代拝に変えることで、天皇の了解を得た。同年十一月二十三日、入江は日記に、「明年はなにもなしに願つてつく〴〵よかつた」と書いている。

## 祭祀と生物学研究

祭祀とともに、天皇が戦後も一貫して宮中で続けたのは、生物学研究であった。入江は六五年に出された本で述べている。

なにも公用がおありにならなければ、土曜日には午前も午後も、生物学御研究所へおいでになる。そして朝から夕方まで、通計六時間というもの、ヒドロゾアの分類。顕微鏡でプレパラートをおのぞきになったり、投影顕微鏡の映像について、冨山一郎博士とディスカスなさ

> ったり、文献をお調べになったり。夕方四時半ごろになると、きまっておやめになる。
>
> （『濠端随筆』文藝春秋、一九六五年）

戦前とは異なり、天皇が皇居内の生物学御研究所に行くことに対する「雑音」はもう聞こえなかった。戦後の天皇は、ヒドロ虫類や変形菌に加えて、植物の研究を本格的に始めた。「吹上の内庭は、（中略）手入れのゆきとどいた名園であったが、戦後茫々と野草が生い茂ったのを、かえってお上はお喜びになり、武蔵野の野に自然に生い立つ草を集めた野草園にされたのである」（前掲『天皇さま』）。現在の吹上御苑がこれに当たる。天皇の研究は、皇居内の生物学御研究所のほか、那須や葉山の御用邸でも続けられ、六二年に『那須の植物』、六三年にその追補が出されたほか、六八年にはヒドロ虫類に関する最初の研究書である『相模湾産ヒドロ珊《さん》瑚《ご》類および石珊瑚類』が出版された。

序章でも触れたように、天皇にとって、祭祀と生物学研究とは、本来一体の関係であるべきであった。植物に対する関心は、新嘗祭でアマテラスにささげるイネの生育に対する関心につながっていた。侍従の卜部亮吾はこう述べている。

> 異常低温が続いたりすると農作物の冷害をご心配になる。農林省や気象庁から資料の提供を

得てお答えする。冷害というとおもに北海道、東北地方だから、稲作の状況だけでは不十分で豆類や果樹の作柄についても申し上げなければならない。そんなわけで、次から次へと波及する。植物について専門的知識をおそなえだから生半可な説明ではご納得が得られない。とうとう音をあげて農林省の専門家にご進講をお願いしたこともあった。

（入江相政編『宮中侍従物語』TBSブリタニカ、一九八〇年）

たとえ天皇が、祭祀の負担軽減を主張する入江の意見を受け入れたとしても、生物学研究だけを続けて祭祀には欠席することに対する危惧は消えなかった。新嘗祭の五日前に当たる七〇年十一月十八日、天皇は入江に、「お祭りを怠つて研究をして何とかいふ者はないか」と話し、新嘗祭翌日の十一月二十四日にも、「暁の儀」に出なかったことに対して、「何か批評はなかつたか」と話している（入8）。

## 三島の自決と新嘗祭

三島由紀夫が東京・市ケ谷で割腹自殺したのは、その翌日、つまり七〇年十一月二十五日正午前のことであった。入江の日記によれば、宮中にいた天皇は午後一時四十分、入江を呼んでいる。思想史家の松本健一は、この記述に着目し、「昭和天皇は三島由紀夫が自決した直後の一時四十分に入江侍従長と会っている。このとき三島事件に対する侍従長の考えをきいたことは、まちがいない」(『畏るべき昭和天皇』毎日新聞社、二〇〇七年)と推論している。

十一月二十五日の入江の日記には、続きがある。

　一旦自室にかへつてゐたらお召し。新嘗祭について甘露寺〔受長《おさなが》〕さんが申上げたことをお気に遊ばしてのこと、併《しか》し大したことはない。（入8）

天皇がもう一度入江を呼んだ背景に、二日前の新嘗祭があったことがうかがえる記述である。甘露寺受長は昭和天皇より二十一歳年上の元侍従で、掌典長、明治神宮宮司を務めるなど、祭祀にうるさかった。今城誼子が二九年に皇太后の女官となれたのも、皇太后の死去後に引き続き女官に採用されたのも、甘露寺の推薦があったからであった（前掲『昭和の皇室をゆるがせた女性たち』）。

だが、果たしてそれだけだったろうか。

天皇が入江に、改めて新嘗祭の負担軽減を気にする発言をしたのは、三島の割腹自殺があったからだという推論も成り立つのではないか。入江の日記には、翌日にも「三島由紀夫のことも仰せだつた」という一文がある。

入江に妥協してゆく天皇に異を唱えるかのように、三島は「神権政治と王権政治が一つのものになっているという形態を守るには、現代社会で一番人よりつらいことをしなければならない。それを覚悟していただかなければならない、というのがぼくの天皇論だよ」(前掲「文武両道と死の哲学」)と述べていた。新嘗祭を初めて「夕の儀」だけにした二日後に、宮中祭祀にこだわる三島が衝撃的な最期を遂げたのである。

天皇が前言を撤回して、七一年以降の新嘗祭への出席にこだわるようになるのは、このことと無関係ではないように思われる。

後の話になるが、八四年一月の歌会始には、前年十一月に駐セネガル大使を退任して宮内庁式部副長になった平岡千之《ちゆき》が初めて出席し、天皇と間近で会っている。平岡千之は、平岡公威《きみたけ》、すなわち三島由紀夫の実弟である。卜部亮吾はこの日、「陛下は終始ご立派にて安堵す」(卜1)と書いている。卜部は一体、何に「安堵」したのだろうか。

## 天皇・皇后訪欧と今城罷免

一九七一年という年は、昭和天皇が皇太子時代にヨーロッパを訪問してからちょうど五十年目に当たっていた。首相の佐藤榮作が、この年をにらんで天皇の外遊を画策していたことは、七〇年に書かれた次の日記からうかがえる。

八月二十九日
十一時半から皇太子殿下に最近の政情その他思いつくまゝ話し込む。仝時《どうじ》に何とか都合して天皇陛下を[に]御外遊をすゝめるわけには行かないかと皇太子様の御意向を打診する。
十月十六日
二時から内奏。陛下の御渡欧の話を当方から更にすゝめる。
十二月一日
天皇陛下の御外遊に付、英国から内密に連絡あり。十月四日から十月廿日迄なら都合がつくとの事。万々才。

(『佐藤榮作日記』第四巻、朝日新聞社、一九九七年)

七〇年十二月二日には、宮内庁長官室で天皇外遊に関する会議が開かれ、イギリスに加えて「ベルギー、ドイツ、フランス、オランダなどをどう入れるか」(入8)が話し合われた。朝日新聞が天皇と皇后の訪欧をスクープしたのが七一年二月二十日、公式発表は二月二十三日であった。

二月二十七日、皇后は同伴する女官の一人として、今城誼子の名を挙げた。入江は女官の同伴者は一人で十分であり、今城を同伴することはできないと主張した。四月五日、皇后は入江を呼び、「□□〔今城〕をつれて行く、もし行けなければ私はヨーロッパはやめる」、「□□〔今城〕がわるくないといふことは必ず分る」(同)と話した。入江は「〔今城が〕悪いといふことは必ずそのうちお分りになる」と答え、宮内庁長官や次長とともに「そんならヨーロッパはおやめに願はう」という判断を下した。

天皇は、皇后と一緒に訪欧するためには、今城を罷免するしかないと考えたようである。それは入江の判断を尊重する反面、皇后の思いを裏切ることを意味した。四月九日と二十七日の入江の日記には、次のような記述がある。「十時から十時四十分まで御前に出る。魔女のこと。そんなに言ふことをきかなければやめちまへとまで仰せになつた」。「午后お召し。侍従次長と二人で魔女を去らしめることを早くやれとの仰せ」。もし天皇が本当に「やめちまえ」とまで言ったとすれば、珍しい発言である。

六月十六日、入江は皇后に会い、今城を罷免することにしたと告げた。「□□〔今城〕罷免のこと申上げる。なんの御抵抗もなく御承知になる」(同)。今城が罷免されたのは、七月二十九日のことであった。貞明皇后の息のかかった最後の女官が、ついに宮中から追放されたのである。

## 皇后に異変

皇后は、今城誼子の罷免をあっさりと受け入れたわけではなかった。河原敏明によれば、皇后は六月三十日、今城にあてて、「この度御上にざんげんする者あり残念なことですが退職させる様な事になりましたが良き時期に再任します」という手紙をしたためている(『良子皇太后』文春文庫、二〇〇〇年)。しかしト部亮吾は、この手紙が公開された直後に当たる九八年十二月七日の日記で「河原敏明のことだから 皇太后さま〔香淳皇后〕のお墨つきが本物かどうか吟味」と記しており、手紙が本物かどうかを疑っている(ト5)。

たとえ皇后がどう思おうが、今城が女官に復帰することはなかった。天皇と皇后は、一九七一年九月二十七日に日本を出発、デンマーク、ベルギー、フランス、イギリス、オランダ、スイス、西ドイツ各国を訪問し、十月十四日に帰国した。

前述のように、天皇はいったん決まった新嘗祭の代拝を再び自ら行うと言い出し、「夕の儀」は引き続き出ることになった。だが十一月になると、入江は「夕の儀」の時間を短縮するよう掌典長に働きかけ、天皇の同意を得た。一方、皇后は不満で、「もう少し長く願へないか」などと話した。入江は「どうも新嘗となると魔女の影響がまだお残りになつてゐる」(入8)として取り合わなかった。

皇后の様子に異変が見られるようになるのは、このころからであった。

入江は七四年四月九日に「例によつて女官長から最近の皇后さまの御様子を聞く。憂ふべきものがあるらしい」と記し、七五年九月一日にも「皇后さまは線がきはおよろしいがお絵はもう駄目とのこと。昨年より大分お進みになつたらしい」と記している。皇后は七一年の訪欧に続いて、七五年九〜十月の訪米でも天皇に同行したが、帰国後の記者会見では、入江は皇后に「〔記者が〕『アメリカの御印象は』とうかゞつたら『楽しかつた』と仰有《おっしゃ》るやうに」助言しなければならなかった(入9)。さらに七七年八月十九日には、宮内庁次長の富田朝彦が、皇后について「老人病の昂進が見られるようだ」と評している(『日本経済新聞』二〇〇七年五月二日)。

### 高松宮の動きを心配

七一年一月、過激派の放火により、葉山御用邸が焼失した。同年十月には、葉山に代わる生物学研究の拠点として、静岡県下田市に須崎御用邸が竣工した。

けれども、宮中祭祀の負担は減っているのに生物学研究は続けることに対する天皇の危惧は消えなかった。天皇は七三年一月三十日、孝明天皇例祭を欠席したが、その前日には再び入江に、「お祭をおやめになつて御研究を遊ばすことに非難なきや」という趣旨の言葉を述べた(入9)。このころの入江の日記には、天皇が「退位」や「譲位」に言及していたことも記されている。天皇は入江に妥協し、祭祀の代拝の回数を増やすのを許す一方、自ら祭祀を行えないならば、天皇という地位にとどまるべきでないという思いもあったに違いない。

七四年一月三日の元始祭を代拝にしたいという入江の申し出を、天皇はしぶしぶ認めた。このとき、天皇が最も心配したのは、高松宮の動きであった。「生物学研究は天皇のお仕事の中心ではなく、副次的な、あるいは逃避的な趣味として高松宮は考えておられた」(前掲『高松宮宣仁親王』)から、祭祀を休んで生物学研究を続けることを「非難」する人物と天皇が見なしていたのは高松宮だったと思われる。

一月三日は高松宮の誕生日でもあったが、その翌日に入江が天皇に会うと、天皇は「昨日高松宮がお誕生日でおいでになつて元始祭に御親拝でなかつたのは二日の参賀のお疲れかとおつしやつたといふので又気にしていらつしやる」(入9)。高松宮は、天皇が元始祭に出なかったのは、一月二日の一般参賀に出た疲れが残っていたからではないかと天皇に話したというのである。

太平洋戦争末期に表面化した天皇と高松宮の確執は、まだ尾を引いていた。

その記憶を改めて呼び起こさせたのは、『文藝春秋』一九七五年二月号に掲載された評論家の加瀬英明によるインタビュー記事「高松宮かく語りき」と、同一九七六年二月号に掲載された「皇族団欒」という座談会であった。

太平洋戦争が始まる前に、高松宮が天皇に対して戦争を避けるよう進言したこと、ミッドウェー海戦の敗北で「これでもうだめですといって、早く戦争をやめる工夫をしなさいって、左、右言って歩いた」こと、高松宮が努力しなければ、終戦はもっと遅れていたことなどを強調する記事と座談会を読んだ入江は、「高松さんをいゝ役にしたゞけのつまらぬもの」、「高松さんがひとりで誇り《ママ》かにしやべつてをられるだけ」と切り捨てたが、「これがお上は非常にお気に入らず、実に数へ切れない程度々お召があつた」(入9、入10)。これをきっかけとして、天皇が戦中期について語ったとされる「拝聴録計九冊と結語」が七六年末までに完成する。

### 「戦争責任」を質問されて

高松宮はこう述べている。

二三年前ノ文春ノ対談ノ記事デ陛下ノコトガ私ノ話トシテ間違ッテヰ《い》タ、ソレヲ訂正シロト云フワケナノデ何処ノ何ガ間違ヒナノカ私ニハ解リマセント云ヘバ全文ヲ取消シタラヨイト云ッタ塩梅《あんばい》ナノデ、コヽヲ訂正シロトカ取消セトハッキリオ示ヲ戴カナイト出来ナイト申シタラ今取消ヲ約束スレバ入江カラソコノ処ヲ示サセヨウト云フ、ハテハ私ガ事毎ニ怒ルノデ皆ンナ恐レテヰル、イイ大名ハ人ノ言フコトヲ云ハセルヨウニシタデハナイカ〔ト〕ノコト、人

ハソレソレノ習癖アルカラスグニドウセイト云ハレテモ、ソレハ出来ナイト云ッテ打切ッタ
（前掲『高松宮宣仁親王』）

この文章が書かれた時期は不明だが、内容からして七七年か七八年ごろと見られる。一月三日、誕生日のお礼に高松宮が吹上御所を訪れたとき、天皇との間にこうしたかなり激しいやりとりがあったようだ。

なぜ天皇は、高松宮の発言にかくも神経を尖らせたのか。

高松宮がサイパン陥落以降、早期講和を主張し、天皇と激しく対立したのはまぎれもない事実である。だが、『文藝春秋』の記事と座談会では、高松宮は開戦前から一貫して戦争に反対していたかのような話し方をしていた。八八年五月九日、天皇は富田朝彦に、「（高松宮は）振幅が大きく浜口内閣の振《ママ》には戦争をしかけてでもと主張し、戦争末期には平和だその為には邪マ者を排すべきだと工作し、地味確実にその方向に進んでくれたらと残念に思っている」（『日本経済新聞』二〇〇七年五月一日）と語ったように、高松宮の首尾一貫しない態度に不信感をもっていた。おそらく天皇は、かつて自殺後に公表された近衛文麿の手記に対して、「近衛は自分にだけ都合のよい事を言っているね」（藤田尚徳『侍従長の回想』講談社、一九六一年）と話したときと同じような違和感を抱いたはずである。

そもそも天皇にとって、戦中期の自らの行いは、最も安易に触れられたくない記憶のはずであった。七五年十月、米国から帰国直後に開かれた記者会見で、「陛下はいわゆる戦争責任について、どのようにお考えになっておられますか」と質問された天皇は、「そういう言葉のアヤについては、私はそういう文学方面はあまり研究もしていないのでよくわかりませんから、そういう問題についてはお答えが出来かねます」と答えた（『朝日新聞』一九七五年十一月一日）。

この発言の背景には、自らの戦争責任を認めてしまえば高松宮の言い分を認めることにつながるという思いもあったかもしれない。けれども、天皇が責任を痛感していたのは第一に皇祖皇宗に対してであり、国民に対する責任観念を意味するはずの「戦争責任」という言葉には、にわかに反応できなかったのではないか。

こう言い換えることもできよう。天皇は少なくとも「神」に対しては戦中期の過ちを自覚するがゆえに、戦後も一貫して宮中祭祀に努めてきた。ところが高松宮は、天皇が宮中祭祀への出席を減らしつつあるのは「お疲れ」が残っているせいではないかと言い、前述の座談会では訪米中の天皇のぎこちなさを指摘し、「いまの陛下の人気は痛ましさからくる人気というのが一番大きい」という加瀬英明の発言に対して、「そういうことね」とうなずいた。天皇の体力減退を茶化すような高松宮の発言が、天皇の神経を逆なでし、天皇をして「全文ヲ取消シタラヨイ」と言わしめたのは想像に難くない。

### 靖国神社への参拝

敗戦から三十年目に当たる一九七五年は、天皇にとって区切りの年だったようである。天皇は四五年十一月に終戦報告のため参拝した伊勢神宮を、訪米が無事終わったことを報告するため七五年十月に参拝した。

同年十一月二十一日には、靖国神社にも参拝した。

終戦三十年記念大祭が行われたこの日は、天皇が体調を崩していたにもかかわらず四五年十一月二十日の臨時大招魂祭に参拝してから、ほぼ三十年後に当たっていた。天皇が戦後に靖国神社を参拝したのは、四五年十一月、五二年十月、五四年十月、五七年四月、五九年四月、六五年十月、六九年十月に次いで、通算八回目であった。

天皇が戦後もなお靖国神社への参拝を続けた背景には、伊勢神宮と同様、戦中期の祈りに対する反省があったと思われる。天皇は、「英霊」に対して戦勝を祈ったかつての過ちを悔い改め、平和を祈るようになった。だが、七五年十一月を最後に、天皇が靖国神社を参拝することは二度となかった。

七八年十月、靖国神社は松平永芳《ながよし》宮司のもとで、ひそかにA級戦犯十四人を合祀した。この合祀は、七九年四月に明るみに出た。

宮内庁長官を務めた富田朝彦によれば、天皇は八八年四月二十八日、「私は或る時に　A級が合祀され　その上　松岡、白取〔鳥〕までもが、（中略）だから　私あれ以来参拝していない　それが私の心だ」と話した（『日本経済新聞』二〇〇七年五月一日）。靖国神社に参拝しなくなったのは、松岡洋右や白鳥敏夫を含むA級戦犯が合祀されたからであることを、天皇自身が明らかにしたのである。

靖国神社の由緒や祭神に対して、天皇が強いこだわりをもっていたことは、侍従長を務めた徳川義寛が、「靖国とは国をやすらかにすることであるが、と御心配になっていた」（『おほうなばら解題』、『おほうなばら　昭和天皇御製集』読売新聞社、一九九〇年）と回想していることからもわかる。『春秋左氏伝』の「吾以靖国也」を典拠に、東京招魂社を靖国神社と改称させたのは明治天皇であった。

天皇は八八年五月二十日、「靖国　明治天皇のお決《きめ》になって〔た〕お気持を逸脱するのは困る」と話している（『日本経済新聞』二〇〇七年五月一日）。A級戦犯を合祀すれば、明治天皇が定めた「国をやすらかにする」という靖国神社の根本に反してしまう。それでも参拝すれば、昭和天皇は戦争を遂行した人物を「神」とする神社に平和を祈るという矛盾を冒してしまうことになる。徳川義寛によれば、天皇はA級戦犯の合祀に反対する理由の一つとして、「国のために戦にのぞんで戦死した人々のみ魂を鎮め祭る社であるのに、その性格が変るとお思いになっていること」をあげたという(前掲『昭和天皇御製　四季の歌』)。

高松宮は、ここでも天皇とは異なる考えをもっていた。「高松宮の戦争犠牲者に対する鎮魂の思いは戦犯処刑者にも寄せられていた」(前掲『高松宮宣仁親王』)から、靖国神社にA級戦犯が合祀されてからも参拝し続けた。

高松宮には、天皇がA級戦犯に戦争責任をすべて押し付け、自らはそこから免れているように見えたのだろうか。そうだとすれば、一見右派的な行動のなかに、天皇に対する最も鋭い批判が含まれていたことになる。松平永芳は、高齢の高松宮に配慮し、本殿正面の急勾配の階段を上らなくてもよいようにした(同)。

## 「正座の練習もされて」

天皇は、靖国神社に参拝しなくなってからも、宮中祭祀は続けた。だが八〇年代になると、入江相政の判断により、祭祀の負担削減がさらに進められた。

入江は八一年十二月二十五日、「大正天皇祭御親拝のお供。この御拝も今日が最後」(入11)と記したのに続いて、八二年六月二十九日には、「明年からお祭すべてお止めといふことですっかりお許《ゆるし》を得る」(同)と記した。皇太子がアフリカを訪問していた八三年三月の春季皇霊祭と春季神殿祭は、親拝復活を求める声が宮内庁式部職の永田忠興らから上がったが、これも入江が拒絶した。

しかし天皇の本音は、あくまで祭祀を続けることにあった。八四年十二月二十六日、天皇は卜部亮吾に、「もう少しお祭りに(たとえば御神楽の夜)励んだ方がよいのでは」と話し、翌日にも同様の話をしている。卜部は、「一般論として〔祭祀にうるさいのは〕一部の言動ゆえ気になさらずさっぱりしたお気持で　必要あればこちらからお願いするから」と話し、「国民の神社観・初詣など引用」することで天皇の納得を得たと記している(卜1)。

一般国民は、神社にどういう神がまつられているかすら気にしないのだから、天皇が祭祀に出ないことを問題にするはずはないとでも話したのだろうか。あるいは、国民こぞって神社に参拝するのは初詣ぐらいになってしまった日本社会の変化につき注意を促そうとしたのだろうか。ここでいう「一部の言動」は永田忠興らを指しているように見えるが、さらにその背後には高松宮がいると天皇が考えていた可能性もある。

天皇が最もこだわったのは、やはり新嘗祭であった。入江がいったん「すべてお止め」とした決定に対して、天皇は再びそれを覆し、八三年以降も新嘗祭を自ら行った。徳川義寛は、次のように回想している。

お供えの時にずっと正座されるのは大変なのよ。歳をとると、足が硬くなるから。だから、お祭りが近付くと、まえもって盛んに正座の練習もされていた。それでも、時には、侍従は内陣には入れないのだけれど、お座布団を腰の下に差すために内緒で運んで入ったり。それと、お供えは二時間もかかるのを一時間に短縮した。お供えもずいぶんいろいろあるのだけれども、自らお供えになるのはお米とお酒だけにして、あとは采女《うねめ》にやらせることにしたのです。

（前掲『侍従長の遺言』）

座椅子が使われるようになった八三年の新嘗祭では、天皇は「お坐りの御練習」をしたにもかかわらず、「お立ちになるのが大変　前へお倒れそうで抱きかかえ」られた(ト1)。たとえ座椅子にしようが、八〇歳を超えた天皇にとって、祭祀はもはや肉体の限界を上回っていたのである。

### 衰えた体力

五二年五月三日に「平和条約発効ならびに憲法施行五周年記念式典」に出席して以来、天皇が皇居前広場に姿を現すことはなかった。ところが八六年十一月十日、在位六十年を祝う提灯行列が午後六時ごろから皇居前広場に集まると、天皇は午後七時半ごろ、正門鉄橋(二重橋)に立ち、広場にいた約二万五千人もの人々に向かって手を振った。人々は万歳を叫び、君が代を斉唱した。

ここは、三八年の漢口陥落のとき、あるいは四二年のシンガポール陥落のとき、天皇が夜間に、あるいは昼間に白馬に乗って現れた場所であった。だが、夜間でも自ら提灯をもって現れた漢口陥落のときとは異なり、天皇は手に何ももっていなかった。天皇の姿を肉眼でとらえることは難しかったに違いない。

卜部亮吾は、十月三十日の夜に広場から正門鉄橋を見上げてみた。「皇居前広場に回って見る　ほとんど判明せず　よって出御時橋灯などを点灯することでOKとなる」(卜2)。広場から天皇の姿が見えないのは、ある程度織り込み済みであった。たった六分間立っただけで、天皇は「お濠の内側」へと消えた。

天皇の体力は、戦中期とは比べるべくもなかった。

序章で触れた八六年の新嘗祭を天皇が行ったのは、この十三日後のことであった。卜部亮吾は、「あの時は本当に大変でした。(中略)私は後ろからお裾をお持ちしたままで、お腰をこうお支えてね。礼儀作法はちょっと逸脱しているけれど、構っちゃいられない。いろいろ批判の声も聞こえてきましたよ。私は、やり抜いたという陛下のご満足感の方がずうっとご健康によろしいという判断をして、かなりご無理なことをお願いしました」(前掲『昭和を語る』)と回想している。
八五年九月に急死した入江相政ならば、一方的に止めさせていただろう。しかし卜部は、「やり抜いたという陛下のご満足感」のほうを尊重したのである。

### 進行する膵臓ガン

八七年二月三日、高松宮が肺ガンのため死去した。「拝聴録」が公開されていないため、天皇の高松宮に対する異論の中身は不明だが、戦中期に天皇を最も近くで見てきた「生き証人」が去ったことは否定できない。結局、なぜ戦争終結の判断が遅れたかについて、天皇自身は口を閉ざしたままであった。

この年には、天皇の身体にも明らかな異変が見られるようになった。

四月二十九日、天皇誕生日宴会の儀で、天皇は嘔吐した。さらに七月から九月にかけて、那須御用邸に滞在中の天皇の体調は、例年通りではなかった。富田朝彦のメモによれば、七月十九日午後には「湿地より車寄の方に出られた折立くらみ的になられ早速寝室へ」運ばれた（『日本経済新聞』二〇〇七年五月一日）。また卜部亮吾の日記によれば、七月三十一日に胸のむかつきと嘔吐、八月二十三日には再び大量の嘔吐があった。九月八日には、「お上また胸のつかえを上奏もの《ママ》このため5時前から　フウフウとお苦しそう　御夕食もほとんど上がらず」という状態であった(卜3)。

このころひそかに、天皇の体内で膵臓ガンが進行していた。予定していた九月の沖縄行幸は中止となり、九月十四日、天皇の手術が決まった。天皇の手術という前例のない事態に、関係者の間には衝撃が広がった。同日の富田メモには、「侍医長らの話に矢張と思い乍《なが》ら諸々のことに頭を占める」とあり、卜部亮吾は「手術にふみ切る線で沖縄もムリと判断、(中略)ついに来るべきものがきたということだが暗雲たれこめうつうつとして楽しまず　今後の諸問題のことが頭をよぎる」と記している。

天皇が腸のバイパス手術を受けた九月二十二日、政府は国事行為を皇太子に臨時代行させることを決めた。天皇は十月七日に退院したが、十月十九日には早くも卜部に対して、「園遊会はどうなったか」と述べ、卜部は中止にした事情について説明しなければならなかった。天皇の意欲は、関係者の想像を超えていた。

けれども十一月二十三日には、一九一九年以来、地方視察や服喪、風邪以外の理由で休んだことのなかった新嘗祭に欠席した。その四日前、天皇は富田に対して、「農作と本年の気象」につき質問している(『日本経済新聞』二〇〇七年五月一日)。たとえ新嘗祭ができなくても、収穫を「神」に感謝する気持ち自体に変わりはなかったと思われる。

それはまた、生物学研究に対するこだわりにもつながっていた。十一月十六日、天皇は卜部に、「御生研はいつからか［国事行為代行］委任解除はいつか」とたずねた。「御生研」は皇居内の生物学御研究所を指す。十二月五日には、再び卜部に対して、「［国事行為代行］委任解除になれば御研究はどうかとの御下問」があった(卜3)。

## 最後のこだわり

八八年に入ると、天皇はますます公務復帰や生物学研究の再開に意欲を見せるようになった。一月二日の一般参賀では、天皇は午前中、宮殿の長和殿にあるバルコニーに、三回にわたって出た。行幸ができなくなった天皇にとって、四八年から続く一般参賀は、国民と接触できる唯一の機会であった。卜部は、「お手振りも休み休みにとお願いする」と記している。一月十一日、天皇は卜部に、「新年行事も一段落するが公務と御研究について少し進展しないか」と漏らした。卜部は天皇の要求を受け入れ、一月二十五日には生物学御研究所にあった顕微鏡や標本の一部を吹上御所に移し、生物学研究が再開された。

しかし、まだ天皇は満足していなかった。卜部亮吾の日記と富田朝彦のメモには、いずれもこのころ「摂政」という言葉が出てくる。

二月九日。突然摂政にした方がよいのではと仰せ(卜部)

二月十日。昨日からのお召し　やはり摂政問題のくり返し　このようなダラダラした生活ではと(同)

四月六日。徳川〔義寛〕言上時、慢性スイ炎のこと、摂政はとのお言葉ありと(富田)

天皇自身は健康が回復したと思っているのに、実際には生物学研究が再開できただけで、「お濠の外側」での公務はまだできないし、祭祀もできない。こうした状態を、昭和天皇は実父の大正天皇と重ね合わせていたのではないか。六十七年前、公務も祭祀もできない天皇を強制的に引退させて自らが摂政になった以上、今度は明仁皇太子が摂政になり、自分は引退するべきだということだろう。五月二十日に卜部が六月以降の予定につき話したときにも、天皇は「あまりふえないねとご不満」であった。

「摂政」という言葉に対して卜部が考案した妥協案は、侍医団らの反対を押し切り、八月十五日に日本武道館で行われる全国戦没者追悼式への天皇の出席を決断したことであった。天皇は八月十三日、滞在していた那須御用邸から、ヘリコプターで一時帰京した。卜部はこう述べる。「[竹下]総理式辞のあと標柱前にお進み　侍従長随従　途中で時報鳴る、10秒おくれくらいで黙禱　次いでおことばと順調に進み御退出もスムーズ」(卜3)。

正午より十秒遅れたとはいえ、昭和天皇にとって、これは最後の「時間支配」であった。黙禱のあと、天皇の肉声が会場に響きわたった。

歳月の流れははやく、終戦以来すでに四十三年、この間、国民の努力により国運の進展をみましたが、往時をしのび、誠に感慨深いものがあります。

ここに全国民とともに、我が国の発展と世界の平和を祈り、心から追悼の意を表します。

（『朝日新聞』一九八八年八月十五日夕刊）

全国戦没者追悼式への出席は、祭祀ができなくなった天皇の最後のこだわりを意味していたはずである。このとき初めて、天皇は「神」に対する御告文よりも、国民に対する「お言葉」の方を優先させたのかもしれない。

天皇は十八日に那須に戻り、次の和歌を詠んだ。

やすらけき世を祈りしもいまだならずくやしくもあるかきざしみゆれど

永遠の平和を祈っているのに、またその兆しは見えるのに、「やすらけき世」はまだ実現されていない。それが悔やまれる。退位を拒絶し、戦後一貫して平和を祈ってきたにもかかわらず、自分の祈りはまだ足りていない、ということだろうか。「いまだならず」には、若き日に貞明皇后から諭された言葉が残響していよう。

## 無念

天皇は八月二十八日に発熱し、九月八日に帰京した。十日夜から黄疸症状が出始め、十九日夜に大量吐血した。皇居前広場には、見舞いの記帳者があふれた。各業界では、足並みをそろえて自粛をはじめた。

九月二十七日、天皇は宮内庁長官の藤森昭一に、「雨が続いているが、稲の方はどうか」(『朝日新聞』一九八八年九月二十七日夕刊)と話した。富田朝彦のメモによれば、「お声はしっかりりと。室のレースカーテンを通して雨の様子をご覧」(『日本経済新聞』二〇〇七年五月二日)になったという。

そこには、またしても新嘗祭ができそうにない無念がにじみ出ていたかもしれない。この年は東北地方の太平洋側で百年に一回程度の異常低温、日照不足に見舞われ、同地方の作況指数は「著しい不良」を示す八五となった。

八九年一月七日、天皇は八十七年八カ月にわたる生涯を閉じた。

## 昭和は終わっていない

現天皇は、「お濠の外側」では護憲を公然と唱えながら、「お濠の内側」では現皇后とともに、宮中祭祀に非常に熱心である。その熱心さは、古希を過ぎても一向に代拝させないという点で、昭和天皇を上回っている。日本国憲法の理念でもある平和を「神」に祈るというのは明らかに矛盾を含んでいるにもかかわらず、最晩年の昭和天皇が「やすらけき世を祈りしもいまだならず」と悔やんだ思いは、次代の天皇に着実に受け継がれている。祭祀は「創られた伝統」なのだから、減らしても宮中の伝統そのものを否定することにはならないという見方は微塵もない。

それとともに、現天皇と現皇后は、皇太子(妃)時代から、広島や長崎ばかりか、沖縄や硫黄島、サイパンなど、戦後の昭和天皇が訪問できなかったかつての激戦地へ、慰霊のための訪問を繰り返してきた。そして過去の戦争や植民地支配に対しても、昭和天皇よりも踏み込んだ言葉を口にするようになっている。

昭和はまだ終わっていないのである。

# あとがき

昭和天皇の肉声を、一度だけ直接耳にしたことがある。

一九八六年四月、私は国立国会図書館職員になった。国会職員は、希望すれば傍聴席から国会開会式の模様を眺めることができた。私が見に行ったのは、七月二十四日の開会式だったかと思う。傍聴席から見る天皇の姿はあまりに遠く、テレビのようにはっきりととらえることはできなかった。けれども、朗読する「お言葉」は、本会議場に響き渡った。独特の抑揚を伴い、「希望します」で終わるその肉声は、まぎれもなく、テレビで聞いた四五年八月十五日の玉音放送の声そのものであった。あの敗戦から四十一年、昭和はなお、この〈声〉に呪縛されているという高ぶった思いを抑えられなかった。

八七年四月、私は日本経済新聞社に転職し、東京社会部の記者となった。同年九月の天皇の手術に伴い、宮内記者会に急遽入ってからは、宮内庁詰めになったり、侍医長や侍医の家の夜回りをしたりする生活が続いた。「富田メモ」で有名になった富田朝彦氏にも、宮内庁長官官舎で一度だけ会っている。だが前年とは異なり、昭和天皇の姿を目にすることはできなかった。

結局、八八年に体調を崩して新聞社は辞めたが、天皇や天皇制に対する関心が芽生えたのは、天皇が闘病生活に入る昭和末期に新聞記者を体験したことが大きい。

昭和天皇が死去した八九年一月七日、私は韓国の釜山《プサン》にいた。KBSテレビの午後九時からのニュースでは、二番目の扱いであった。画面には、日の丸の弔旗が立ち並ぶ銀座通りに続いて、皇居前広場で土下座して号泣する人々の姿が大きく映し出された。全く平穏無事な「対岸」から見ると、この光景は異様というほかはなかった。

翌日、私は国鉄京釜《キョンプ》線の急行に乗り、ソウルに向かった。持っていた切符の日付は「89・1・8」となっていて、もちろん「1・1・8」ではなかった。車内には、隣に居合わせた家族連れが弁当の包み紙として使ったその日の新聞『東亜日報』が、無造作に捨てられていた。何げなく目をやると、そこには「日王ヒロヒト死亡」という見出しが掲げられていた。「ヒロヒト」は、天皇ですらなかった。

二〇〇〇年十一月に『大正天皇』(朝日選書)を出したときから、次は昭和天皇という気持ちがあった。しかし大正天皇とは異なり、汗牛充棟の先行研究がある。左右のイデオロギーも立ちはだかっている。研究は容易ではなかった。

二〇〇四年十月、私は保阪正康さんと『対論 昭和天皇』(文春新書)を出した。対談という形式ながら、中間報告としてまとめたつもりであった。本書は、ここで明らかにした問題意識や着想をもとに、その後に公開された史料を取り入れながら、さらに発展させたものである。ただし紙幅の都合上、触れられなかった問題も少なくない。

おそらくこれからも、昭和天皇の関係史料はまだまだ出てくるだろう。そしていつか、『明治天皇紀』『大正天皇実録』に続いて、『昭和天皇実録』が完成する日も来るのだろう。しかし、たとえ『昭和天皇実録』ができても、すぐに公開される保証はどこにもない。また、たとえ公開されても、祭祀にどれだけ触れているか。御告文は公表されるのか。はなはだ心もとないと言わざるを得ない。

本書で触れた三島由紀夫や、前掲『対論 昭和天皇』で触れた松本清張は、宮中祭祀や、貞明皇后と昭和天皇との確執の問題に最大限の注意を払っていた。この点に関する限り、彼らは日本政治思想史系統の天皇制研究者よりも、視点が「お濠の内側」に深く届いていたように思う。本書を記すにあたり、最も大きなインスピレーションを得たのは、清張の未完の大作『神々の乱心』上下(文春文庫、二〇〇〇年)であった。

しかしアカデミズムの世界は、相変わらず小説家が書いたものをただのフィクションとして見下げる傾向がある。私も学者の一人として、学問の傲慢さを痛感することがある。もちろん史料は集めなければならないが、何の疑いもなく、大学に属している学者が一番史料を集め、それらを読んでいると考えるのは思い上がりもはなはだしい。清張が二・二六事件の研究のためにどれほど史料を集めて読破していたか、想起してみるがよい。けれども実際には、学界は小説家や在野の歴史家のすぐれた着想から、いったい何を学んできただろうか。

一つの本の完成は、直ちに新たな課題をもたらす。これからは、大正天皇、昭和天皇という個別の天皇の研究を土台に、近現代全体を俯瞰する新たな天皇制論を立ち上げたいと思う。本書で十分に触れられなかった「満洲国」や琉球王国はもとより、中華帝国や朝鮮王朝など、十九世紀から二十世紀にかけて滅んだ東アジアの〈王権〉や、日本の古代律令制との比較も必要になるだろう。こうした比較のなかから、近代天皇制における祭祀の姿が、より客観的な装いを帯びて立ち上がってくるはずである。

最後に、いちいちお名前は挙げないが、本書を著わすにあたり、さまざまなご教示を賜った方々に厚く御礼申し上げる。とりわけ、貴重な史料をいただいたり、史料の所在をご教示くださったりした佐藤秀明さん、岡恵里さん、佐久間文子さん、矢吹俊吉さん、川治豊成さん、石川公彌子さんには深く感謝申し上げたい。そして、新書編集部の坂巻克巳さんの細かな心くばりにも幾度か助けられたことを書きとどめておく。

二〇〇七年十一月

原　武史

原 武史

1962年，東京に生まれる．早稲田大学政治経済学部卒業後，日本経済新聞社に入社，東京社会部記者として昭和天皇の最晩年を取材．東京大学大学院博士課程中退．東京大学社会科学研究所助手，山梨学院大学助教授，明治学院大学教授を経て，現在，放送大学教授．専攻は日本政治思想史．
著書に『「民都」大阪対「帝都」東京』(講談社選書メチエ，サントリー学芸賞受賞)，『大正天皇』(朝日選書，毎日出版文化賞受賞)，『滝山コミューン1974』(講談社)，『「昭和天皇実録」を読む』『平成の終焉』(ともに岩波新書)，『岩波 天皇・皇室辞典』(共編，岩波書店)ほか．本書で司馬遼太郎賞を受賞．

昭和天皇　　岩波新書(新赤版)1111

2008年1月22日　第1刷発行
2024年4月15日　第7刷発行

著　者　原《はら》　武史《たけし》

発行者　坂本政謙

発行所　株式会社 岩波書店
〒101-8002 東京都千代田区一ツ橋2-5-5
案内 03-5210-4000　営業部 03-5210-4111
https://www.iwanami.co.jp/

新書編集部 03-5210-4054
http://www.iwanamishinsho.com/

印刷・精興社　カバー・半七印刷　製本・中永製本


ISBN 978-4-00-431111-9　　Printed in Japan

# 岩波新書新赤版一〇〇〇点に際して

ひとつの時代が終わったと言われて久しい。だが、その先にいかなる時代を展望するのか、私たちはその輪郭すら描きえていない。二〇世紀から持ち越した課題の多くは、未だ解決の緒を見つけることのできないままであり、二一世紀が新たに招きよせた問題も少なくない。グローバル資本主義の浸透、憎悪の連鎖、暴力の応酬――世界は混沌として深い不安の只中にある。

現代社会においては変化が常態となり、速さと新しさに絶対的な価値が与えられた。消費社会の深化と情報技術の革命は、種々の境界を無くし、人々の生活やコミュニケーションの様式を根底から変容させてきた。ライフスタイルは多様化し、一面では個人の生き方をそれぞれが選びとる時代が始まっている。同時に、新たな格差が生まれ、様々な次元での亀裂や分断が深まっている。社会や歴史に対する意識が揺らぎ、普遍的な理念に対する根本的な懐疑や、現実を変えることへの無力感がひそかに根を張りつつある。そして生きることに誰もが困難を覚える時代が到来している。

しかし、日常生活のそれぞれの場で、自由と民主主義を獲得し実践することを通じて、私たち自身がそうした閉塞を乗り超え、希望の時代の幕開けを告げてゆくことは不可能ではあるまい。そのために、いま求められていること――それは、個と個の間で開かれた対話を積み重ねながら、人間らしく生きることの条件について一人ひとりが粘り強く思考することではないか。その営みの糧となるものが、教養に外ならないと私たちは考える。歴史とは何か、よく生きるとはいかなることか、世界そして人間はどこへ向かうべきなのか――こうした根源的な問いとの格闘が、文化と知の厚みを作り出し、個人と社会を支える基盤としての教養となった。まさにそのような教養への道案内こそ、岩波新書が創刊以来、追求してきたことである。

岩波新書は、日中戦争下の一九三八年一一月に赤版として創刊された。創刊の辞は、道義の精神に則らない日本の行動を憂慮し、批判的精神と良心的行動の欠如を戒めつつ、現代人の現代的教養を刊行の目的とする、と謳っている。以後、青版、黄版、新赤版と装いを改めながら、合計二五〇〇点余りを世に問うてきた。そして、いままた新赤版が一〇〇〇点を迎えたのを機に、人間の理性と良心への信頼を再確認し、それに裏打ちされた文化を培っていく決意を込めて、新しい装丁のもとに再出発したいと思う。一冊一冊から吹き出す新風が一人でも多くの読者の許に届くこと、そして希望ある時代への想像力を豊かにかき立てることを切に願う。

（二〇〇六年四月）